CODI
DE LEGISLACIÓ POLÍTICA
I ADMINISTRATIVA
DE CATALUNYA

Apèndix d'actualització
I

(fins al 31 d'agost de 1994)

Generalitat de Catalunya
Institut d'Estudis Autonòmics

NOTA INTRODUCTÒRIA

Un cop tancada l'edició, a 31 de desembre de 1993, dues normes incloses en el Codi *(la Llei de la funció pública i la Llei de finances de la Generalitat) han sofert importants modificacions, i d'altres s'han vist afectades igualment, encara que de forma més puntual, per l'abundosa producció legislativa d'enguany. A més, el procés d'adequació de l'ordenament administratiu català a la Llei estatal 30/1992, de règim jurídic de les administracions públiques i del procediment administratiu comú, ha originat, principalment a partir del més de juliol, nombrosos canvis en moltes de les normes que se citen i es referencien a peu de pàgina. Aquestes circumstàncies han fet aconsellable acompanyar aquesta primera edició d'un* Apèndix *on es recullin aquestes modificacions.*

Aquest Apèndix *consta de tres parts. A la primera, es recullen els canvis operats en les normes incloses en el* Codi *amb epígraf propi, i es reprodueix el nou text vigent. A la segona, s'indiquen les principals modificacions que han sofert les normes citades i referenciades, segons l'ordenació cronològica d'aquestes darreres. A la tercera, finalment, apareixen les noves normes que, publicades des de l'1 de gener de 1994 i fins al 31 d'agost, han modificat les normes incloses i les referenciades i citades en el* Codi*, i que s'han tingut en compte per actualitzar-lo.*

SUMARI

I

MODIFICACIÓ DE NORMES INCLOSES

I

MODIFICACIÓ DE NORMES INCLOSES

¶ 15 Llei 17/1985, de 23 de juliol, de la funció pública de l'Administració de la Generalitat. de Catalunya

Modificació dels art. 1, 2, 3, 5, 6, 9, 11, 12, 13, 15, 22, 28, 29, 31, 32, 33, 35, 36, 37, 38, 39, 40, 43, 44, 45, 46, 47, 48, 49, 52, 53, 54, 55, 56, 57, 58, 59, 61, 64, 65, 67, 68, 69, 71, 72, 73, 74, 75, 77, 81, 83, 84, 85, 86, 91, 93, 94, 95, 96, 97, 98, 99, 100, 101, DA 2, addició de nous articles i disposicions addicionals i transitòries i derogació dels art. 41.2, 60, 73.1.i, DA 1, DA 7, DT 10 i DT 11 per la Llei 9/1994, de 29 de juny, de reforma de la legislació relativa a la funció pública de la Generalitat de Catalunya, que disposa:

Exposició de motius

El personal de les administracions públiques constitueix un element indispensable per a la prestació adequada dels serveis públics i en conseqüència ha d'ésser tingut en compte per posar en marxa els processos de millora del funcionament de l'actuació administrativa a què està subjecta actualment l'Administració pública, en els quals processos de millora té una importància especial la participació i la col·laboració d'aquest personal.

L'increment de qualitat dels serveis públics ha d'anar lligat a una flexibilització del règim jurídic dels servidors públics, que en l'actualitat és contingut en diverses normes, entre les quals destaca la Llei 17/1985, del 23 de juliol, de la funció pública de l'Administració de la Generalitat, que és la norma fonamental que va servir per a estructurar i consolidar la funció pública catalana.

L'experiència en l'aplicació de l'esmentada normativa i la jurisprudència establerta pel Tribunal Constitucional en matèria de funció pública determinen la necessitat i la conveniència de procedir a adaptar el règim dels empleats públics a les noves necessitats tècniques i organitzatives que s'imposen en una administració moderna per tal de garantir una prestació del servei públic àgil i eficaç.

No obstant això, la reforma del règim estatutari s'ha de fer respectant el marc fixat per la normativa bàsica, d'acord amb el que disposa l'article 10.1.1 de l'Estatut d'autonomia, i elegint, si s'escau, les opcions que aquella normativa permeti, sempre que siguin adequades per a assolir els objectius de la millora administrativa encaminada a la consecució dels interessos generals.

Finalment, aquesta Llei pretén ampliar els dits objectius als ens locals situats en el territori de Catalunya, harmonitzant en la mesura possible, com a primer pas cap a una futura refosa legislativa, el règim jurídic del personal funcionari que presta serveis en les administracions de Catalunya i obrint el seu àmbit d'aplicació, en conseqüència, al dit personal.

CAPÍTOL I

Modificació de la Llei 17/1985, del 23 de juliol, de la funció pública de l'Administració de la Generalitat

Article 1

Nova redacció de l'article 1

Es modifica l'article 1 de la Llei 17/1985, del 23 de juliol, de la funció pública de l'Administració de la Generalitat, que queda redactat de la manera següent:

«—1 L'objecte d'aquesta Llei és l'ordenació i la regulació de la funció pública de l'Administració de la Generalitat en exercici de les competències fixades per l'Estatut d'autonomia de Catalunya.

»—2 La funció pública és un dels instruments per a la gestió i la realització dels interessos públics que té encomanats l'Administració i s'ordena d'acord amb els principis de legalitat, objectivitat, economia, eficàcia i eficiència.

»—3 Als efectes d'aquesta Llei, la funció pública és constituïda pel conjunt de persones que presten serveis en l'Administració d'acord amb els principis de mèrit i capacitat, mitjançant una relació de serveis professional, retribuïda i de caràcter especial per raó dels serveis públics a desenvolupar i regulada per la normativa administrativa o laboral.

»—4 El personal, en el desenvolupament de les seves funcions, per acomplir els objectius assignats, i dins els principis organitzatius esmentats, ha d'actuar en tot moment amb diligència, professionalitat, imparcialitat i sotmetiment a la Constitució, l'Estatut d'autonomia, les lleis, els reglaments que les complementen i el dret en general.

»—5 Amb la finalitat de satisfer els interessos generals, l'Administració disposa de potestats autoorganitzatives que la faculten, d'acord amb l'ordenament jurídic, per a estructurar la funció pública adequadament a la prestació del servei públic, regular-ne el règim jurídic i dirigir i fixar els objectius de les actuacions del seu personal».

Article 2

Nova redacció de l'article 2

Es modifica l'article 2 de la Llei 17/1985, que queda redactat de la manera següent:

«—1 L'àmbit d'aplicació d'aquesta Llei s'estén a tot el personal subjecte al règim funcionarial que presta serveis a l'Administració de la Generalitat.

»—2 Aquesta Llei s'aplica també:

»a) Al personal laboral de l'Administració, només en els casos en què expressament hi fa referència.

»b) Al personal de les universitats, tot respectant l'autonomia universitària.

»c) Al personal al servei de les corporacions locals situades en el territori de Catalunya, en els termes que estableix la legislació sobre funció pública local.

»d) Al personal al servei del Consell Consultiu, sens perjudici del que disposa la Llei reguladora d'aquest òrgan.

»—3 Queden exclosos de l'àmbit d'aplicació d'aquesta Llei:

»a) El personal al servei del Parlament de Catalunya i del Síndic de Greuges.

»b) El personal al servei de la Sindicatura de Comptes, que es regeix pel que disposen les seves normes reguladores.

»c) El personal que presta serveis en les entitats de dret públic subjectes al dret privat, que es regeix per la seva normativa específica. Les lleis de creació de les esmentades entitats han de determinar, si s'escau, el règim a què s'ha de subjectar el personal funcionari adscrit o cedit a aquestes.

»—4 En aplicació d'aquesta Llei, l'òrgan competent pot dictar normes específiques per a adequar-la a les peculiaritats del personal docent, el personal sanitari, el personal investigador, el personal penitenciari, els bombers, els agents rurals i els mossos d'esquadra. Mentre no s'aprovin aquestes normes, s'apliquen les normes vigents, interpretades d'acord amb les bases del règim estatutari».

Article 3

Nova redacció de l'apartat 1 de l'article 3

Es modifica l'apartat 1 de l'article 3 de la Llei 17/1985, que queda redactat de la manera següent:

«—1 És personal al servei de l'Administració de la Generalitat l'integrat en els departaments de la Generalitat, en els seus organismes autònoms administratius, en les entitats gestores de la Seguretat Social i en les entitats autònomes de caràcter comercial, industrial i financer, d'acord amb llurs normes de creació».

Article 4

Nova redacció de l'apartat 1 de l'article 5 i addició d'un nou apartat

—1 Es modifica l'apartat 1 de l'article 5 de la Llei 17/1985, que queda redactat de la manera següent:

«—1 És personal eventual el format pels qui, en virtut de lliure nomenament del president o dels consellers i en règim no permanent, ocupen un lloc de treball considerat de confiança o d'assessorament no reservat a funcionaris i que figura amb aquest caràcter en la corresponent relació de llocs de treball».

—2 S'afegeix un nou apartat a l'article 5 de la Llei 17/1985, amb el text següent:

«—4 El nomenament de personal eventual està subjecte al dret administratiu i el cessament d'aquest personal ha d'ésser acordat lliurement i no genera, en cap cas, indemnització».

Article 5

Nova redacció de l'article 6

Es modifica l'article 6 de la Llei 17/1985, que queda redactat de la manera següent:

«—1 És personal interí el que presta serveis amb caràcter transitori en virtut d'un nomenament subjecte al dret administratiu i ocupa places dotades pressupostàriament que d'acord amb la relació de llocs de treball són reservades a funcionaris de carrera.

»—2 L'interí pot ésser nomenat:

»a) Per tal de cobrir transitòriament places que han d'ésser ocupades definitivament per funcionaris de carrera.

»b) Per a la realització de programes estrictament temporals o per situacions urgents degudament motivades.

»c) Per ocupar llocs de treball en substitució de funcionaris que gaudeixin del dret de reserva de plaça i destinació.

»—3 El personal interí només pot ésser nomenat quan sigui estrictament necessari proveir un lloc de treball per a garantir el funcionament normal dels serveis i sempre que no pugui ésser proveït amb urgència per un funcionari de carrera. El lloc de treball ocupat transitòriament per l'interí que es consideri necessari per al funcionament normal dels serveis i que no sigui de caràcter temporal ni estigui subjecte a amortització segons les relacions de llocs de treball pot ésser inclòs en la següent oferta d'ocupació pública o convocatòria de provisió que es faci, llevat que el lloc de treball estigui reservat per a un funcionari de carrera.

»—4 El personal interí ha de complir els requisits generals de titulació i les altres condicions exigides per a participar en les proves d'accés al cos o l'escala a què pertany el lloc de treball que ocupa».

Article 6

Nova redacció de l'article 9

Es modifica l'article 9 de la Llei 17/1985, que queda redactat de la manera següent:

«La prestació de serveis en règim interí i la contractació laboral temporal no poden constituir dret preferent per a l'accés a la condició de funcionari o de personal laboral amb caràcter indefinit, respectivament. No obstant això, el temps de serveis prestats, l'experiència i la formació poden ésser valorats en fase de concurs, sempre que siguin adequats a les funcions dels cossos, les escales o les categories laborals a què corresponguin les places convocades».

Article 7

Nova redacció de l'article 11

Es modifica l'article 11 de la Llei 17/1985, que queda redactat de la manera següent:

«Correspon al Govern:

»a) Exercir la potestat reglamentària en matèria de personal.

»b) Establir la política global de recursos humans per al personal dependent de l'Administració de la Generalitat.

»c) Aprovar l'oferta d'ocupació pública.

»d) Aprovar els intervals que corresponen a cada cos i escala, dins els trenta nivells en què es classifiquen els llocs de treball.

»e) Fixar anualment les normes i les directrius per a l'aplicació del règim retributiu dels funcionaris.

»f) Aprovar o modificar les normes de valoració de llocs de treball, la relació de llocs de treball i la valoració i la classificació d'aquests llocs.

»g) Dictar les instruccions, les directrius i els límits a què s'han de subjectar els representants del Govern en les negociacions amb els representants sindicals dels funcionaris sobre les condicions de treball, aprovar els acords assolits, per donar-los validesa i eficàcia, i establir les condicions de treball en els casos en què no es produeixi acord en la negociació.

«h) Establir els criteris d'actuació a què s'han de subjectar els representants de l'Administració de la Generalitat en les negociacions col·lectives amb el personal laboral.

«i) Aprovar, a proposta del departament corresponent, les mesures per a garantir els serveis mínims en els casos de vaga en l'Administració de la Generalitat. Aquesta competència pot ésser delegada en el conseller competent en matèria de funció pública o en el conseller de Treball.

»j) Sotmetre a informe i dictamen del Consell Català de la Funció Pública, si escau, els projectes de llei i de reglament en matèria de funció pública.

»k) Assenyalar o fixar les directrius a què s'han d'ajustar els representants de la Generalitat en els organismes d'àmbit estatal Consell Superior de la Funció Pública i Comissió de Coordinació de la Funció Pública.

»l) Exercir les funcions que li són encomanades per la normativa vigent».

Article 8

Nova redacció de l'article 12

Es modifica l'article 12 de la Llei 17/1985, que queda redactat de la manera següent:

«—1 Correspon al conseller competent en matèria de funció pública:

»a) Elaborar els projectes de disposicions de caràcter general en matèria de funció pública que hagin d'ésser aprovats pel Parlament o pel Govern de la Generalitat o emetre informe sobre els dits projectes, i aprovar la resta de normes reglamentàries sobre funció pública, a proposta, si s'escau, del departament interessat.

»b) Impulsar, coordinar i controlar l'execució de les polítiques específiques de personal.

»c) Preparar el projecte d'oferta d'ocupació pública.

»d) Preparar propostes relatives a la relació de llocs de treball i, si s'escau, a la valoració d'aquests llocs.

»e) Elaborar els estudis sobre els intervals de nivells i elevar a l'òrgan competent els que corresponen a cada cos i escala, a proposta, si s'escau, dels departaments interessats.

»f) Establir les normes d'organització i funcionament del Registre General de Personal.

«g) Convocar processos selectius per a funcionaris.

»h) Nomenar els funcionaris que han superat els processos selectius.

»i) Declarar les situacions dels funcionaris.

»j) Convocar i resoldre els concursos de provisió de llocs de treball per a funcionaris, salvant el que estableix l'article 47.

»k) Proposar les mesures adequades sobre organització i personal dirigides a millorar l'eficàcia dels serveis públics i gestionar les iniciatives i els suggeriments a què fa referència l'article 77.e).

»l) Dictar les instruccions i circulars que siguin necessàries en matèria de personal.

»m) Vetllar pel compliment de les normes en matèria de funció pública, i també avaluar les polítiques concretes de personal i exercir i coordinar la inspecció general de serveis sobre tot el personal al servei de l'Administració de la Generalitat.

»n) Declarar les jubilacions dels funcionaris.

»o) Impulsar i coordinar les polítiques de formació dels empleats públics catalans, en els temes establerts per l'article 35.

»p) Exercir les altres competències que li són assignades per la normativa vigent.

»—2 Les competències especificades per l'apartat 1 són exercides, en allò que li correspon, per la Direcció General de la Funció Pública, la qual té rang de secretaria general.

»—3 El Govern de la Generalitat, a proposta del departament competent en matèria de funció pública, si ho requereix l'efectivitat dels serveis, pot atribuir selectivament i temporalment als departaments les competències a què fan referència les lletres b), d), g), h), i), j), l), n), o) i p) de l'apartat 1. No obstant això, el departament competent en matèria de funció pública mantindrà les facultats d'inspecció sobre les funcions atribuïdes, l'avaluació de la capacitat de gestió en matèria de personal del departament i la fixació de criteris per a l'exercici de les competències atribuïdes».

Article 9

Nova redacció de l'article 13

Es modifica l'article 13 de la Llei 17/1985, que queda redactat de la manera següent:

«—1 La Comissió Tècnica de la funció Pública és adscrita al departament competent en matèria de funció pública com a òrgan de coordinació, de consulta, de proposta i, s'escau, d'execució dels assumptes de personal.

»—2 És president de la Comissió Tècnica de la Funció Pública el conseller competent en matèria de funció pública i en són vocals els secretaris generals de tots els departament, el vicepresident del Comitè Director per a l'Organització de l'Administració de la Generalitat, el director de l'Escola d'Administració Pública de Catalunya i el director general de la Funció Pública, el qual actua com a secretari de la Comissió, i també els membres que designi el Govern de la Generalitat entre les persones que ocupin càrrecs l'àmbit competencial dels quals tingui una incidència directa en la funció pública.

»—3 Són funcions específiques de la Comissió Tècnica de la Funció Pública:

»a) Emetre informe en relació amb les normes i les disposicions de caràcter general en matèria de personal.

»b) Informar sobre les qüestions que li siguin consultades pel Govern.

»c) Proposar al Govern totes les mesures que consideri convenients per a millorar la política i la gestió del personal.

»d) Informar sobre tots els assumptes de personal que siguin elevats al Govern de la Generalitat per l'òrgan competent.

»e) Informar sobre els expedients disciplinaris de separació de servei com a tràmit previ a la imposició de la sanció pel conseller corresponent.

»—4 Per delegació del Govern de la Generalitat, la Comissió Tècnica de la Funció Pública pot exercir les funcions següents:

»a) Aprovar i modificar les normes de valoració de llocs de treball, la relació de llocs de treball i la valoració d'aquests llocs.

»b) Aprovar les ofertes d'ocupació pública.

»—5 El president de la Comissió Tècnica de la Funció Pública ha d'elevar al Govern o a l'òrgan que sigui competent per raó de la matèria els informes i les propostes a què es refereix l'apartat 3».

Article 10

Nova redacció de l'article 15

Es modifica l'article 15 de la Llei 17/1985, que queda redactat de la manera següent:

«La Inspecció General de Serveis de Personal és adscrita al departament competent en matèria de funció pública, i té per funció, entre les altres que se li puguin assignar en matèria de personal, la vigilància del compliment de les normes sobre funció pública, amb independència de les facultats inspectores que siguin competència d'altres òrgans. El Govern de la Generalitat n'ha de regular la composició i les funcions».

Article 11

Nova redacció de l'article 22

Es modifica l'article 22 de la Llei 17/1985, que queda redactat de la manera següent:

«—1 La relació de llocs de treball és publica i ha d'incloure tots els llocs de funcionaris, laborals i eventuals existents en l'Administració de la Generalitat. El contingut de les relacions de llocs de treball ha de ser almenys el següent:

«a) La denominació i les característiques essencials dels llocs.

»b) Els requisits essencials per a ocupar-los.

«c) El complement de destinació i, si s'escau, l'específic, si són llocs de personal funcionari.

»d) El grup, la categoria professional i el règim jurídic aplicable per als llocs de caràcter laboral.

»e) La forma de provisió dels llocs i, per als casos determinats per l'article 43, els sistemes d'accés.

»f) Els requisits que han de complir els funcionaris d'altres administracions per a poder accedir als llocs de treball mitjançant la corresponent convocatòria de provisió.

»—2 En l'àmbit de l'Administració de la Generalitat els llocs de treball han d'ésser ocupats, amb caràcter general, per funcionaris públics. Com a excepció, poden ésser ocupats per personal en règim laboral:

»a) Si es tracta de llocs de naturalesa no permanent o de caràcter periòdic i discontinu.

»b) Si es tracta de desenvolupar activitats pròpies d'oficis.

»c) Si es tracta de llocs de caràcter instrumental corresponents a les àrees de conservació i manteniment d'edificis, equips i instal·lacions, d'arts gràfiques, d'enquestes, de protecció civil, de comunicació social, d'expressió artística, de serveis socials o de protecció de menors i no hi ha cap cos o escala amb les funcions adequades.

»d) Si es tracta de desenvolupar activitats que requereixin uns coneixements específics o tècnics especialitzats i no hi ha cap cos o escala amb la preparació pertinent per al desenvolupament adequat de les funcions pròpies del lloc.

»e) Si es tracta de llocs d'investigació.

»f) Si es tracta de llocs docents que, per raó de llur especificitat, no puguin ésser ocupats per funcionaris dels cossos i les escales docents.

»—3 Correspon al Govern, a proposta conjunta del Departament d'Economia i Finances i del departament competent en matèria de funció pública:

»a) L'assignació dels nivells dels complements de destinació i dels complements específics corresponents als nous llocs de treball de les relacions de llocs de treball.

»b) Les modificacions produïdes per la variació del nombre de llocs i les modificacions del complement de destinació i del complement específic dels llocs de treball inclosos en les relacions inicials.

»El Govern pot delegar en la Comissió Tècnica de la Funció Pública l'aprovació i la modificació de les normes de valoració de llocs de treball, de la relació de llocs de treball i de la valoració i la classificació d'aquests llocs, i pot establir les condicions que consideri pertinents per a l'exercici de les competències atribuïdes.

»No obstant això anterior, el Govern, a proposta conjunta del departament competent en matèria de funció pública i del Departament d'Economia i Finances, pot delegar en els departaments, en les condicions que determini, l'aprovació i la modificació de les relacions de llocs de treball, inclosa la valoració de llocs que no comporti increment de la despesa. El departament competent en matèria de funció pública ha d'exercir les facultats d'inspecció, avaluar la capacitat de gestió i fixar els criteris per a l'exerci de les competències atribuïdes.

»—4 La creació, la modificació, la refosa i la supressió de llocs de treball s'han de fer en tot cas mitjançant la relació de llocs de treball.

»—5 Per a proveir un lloc de treball, cal que consti en la relació corresponent, llevat que s'hagin de realitzar temporalment tasques urgents, mitjançant personal amb contractes laborals de durada determinada, per a la realització dels programes d'inversions a càrrec dels crèdits destinats a aquesta finalitat».

Article 12

Addició d'un nou apartat a l'article 28

S'afegeix un nou paràgraf a l'article 28 de la Llei 17/1985, amb el text següent:

«La relació de llocs de treball, si s'escau, en els termes que estableixi la legislació bàsica, ha de determinar les condicions d'homologació, en particular pel que fa a sistemes d'accés, programes mínims o altres requeriments, que siguin necessàries perquè els funcionaris d'altres administracions puguin participar en les convocatòries de provisió de llocs de treball de l'Administració de la Generalitat».

Article 13

Addició de dos nous apartats a l'article 29

S'afegeixen dos nous paràgrafs a l'article 29 de la Llei 17/1985, amb el text següent:

«Els funcionaris d'altres administracions que accedeixen a llocs de treball de l'Administració de la Generalitat mitjançant convocatòries de provisió, al marge d'un procés de transferències de mitjans personals i materials, tenen els mateixos drets i deures que la resta de funcionaris de l'Administració de la Generalitat, però no s'integren en els cossos o les escales propis d'aquesta.

»El personal laboral fix procedent d'altres administracions com a conseqüència d'un procés de transferències de mitjans personals i materials s'integra a l'Administració de la Generalitat com a personal laboral propi, amb subrogació expressa de la seva vinculació contractual anterior, als efectes d'estabilitat laboral i antiguitat».

Article 145

Nova redacció de l'article 31

Es modifica l'article 31 de la Llei 17/1985, que queda redactat de la manera següent:

«—1 Les necessitats de recursos humans que no puguin ésser cobertes amb els efectius de personal existents poden ésser objecte d'oferta d'ocupació pública.

»—2 L'oferta d'ocupació pública ha de determinar les places vacants que, a proposta dels departaments, es considerin necessàries per al funcionament adequat dels serveis i hagin d'ésser proveïdes per personal de nou accés dins l'exercici pressupostari, classificades per cossos, escales o categories laborals.

»—3 Per tal de garantir el funcionament adequat dels serveis, el Govern pot autoritzar, sens perjudici del que disposa l'article 13.4.b), l'aprovació successiva d'ofertes parcials d'ocupació pública dins el mateix exercici pressupostari».

Article 15

Nova redacció de l'article 32

Es modifica l'article 32 de la Llei 17/1985, que queda redactat de la manera següent:

«—1 Les convocatòries de les proves selectives per a proveir les places vacants incloses en l'oferta d'ocupació pública poden incloure un 10% de places addicionals, com a màxim.

»—2 Fins a la resolució de les convocatòries corresponents, no es poden amortitzar, transformar ni modificar substancialment les places que hagin estat convocades, si no és en compliment de les normes de procediment administratiu».

Article 16

Nova redacció de la lletra e) de l'article 33

Es modifica la lletra e) de l'article 33 de la Llei 17/1985, que queda redactada de la manera següent:

«e) No estar inhabilitat per a l'exercici de les funcions públiques ni estar separat, mitjançant expedient disciplinari, del servei de qualsevol administració pública».

Article 17
Nova redacció de l'article 35

Es modifica l'article 35 de la Llei 17/1985, que queda redactat de la manera següent:

«—1 Per a aplicar els criteris fixats per l'article 34, l'Escola d'Administració Pública de Catalunya ha de tenir cura del suport tècnic dels tribunals en la realització de les proves selectives per a funcionaris i, entre les altres funcions que li corresponen, ha de fer estudis previs sobre els processos selectius i ha d'impartir cursos de formació, d'acord amb els diversos nivells i necessitats de formació, o intervenir-hi dins l'àmbit de la seva competència, i cursos de capacitació i reciclatge per a la recol·locació del personal.

»—2 L'Escola d'Administració Pública de Catalunya pot establir convenis per a la realització d'activitats de formació».

Article 18
Nova redacció de l'article 36

Es modifica l'article 36 de la Llei 17/1985, que queda redactat de la manera següent:

«L'accés als cossos i les escales de funcionaris o a les categories laborals es fa per mitjà dels procediments d'oposició, concurs-oposició o concurs i, si s'escau, els cursos de formació o la fase de prova que determini la convocatòria».

Article 19
Nova redacció de l'apartat 1 de l'article 37

Es modifica l'apartat 1 de l'article 37 de la Llei 17/1985, que queda redactat de la manera següent:

«—1 La selecció per oposició consisteix en la realització per l'opositor de les proves que estableixi la convocatòria orientades a determinar la idoneïtat dels aspirants».

Article 20
Addició de dos apartats a l'article 38

S'afegeixen dos nous paràgrafs a l'article 38 de la Llei 17/1985, amb el text següent:

«Excepcionalment, si ho requereix l'efectivitat del procés selectiu i calen determinats coneixements específics o tècniques administratives per al bon funcionament dels serveis, l'Escola d'Administració Pública pot realitzar, mitjançant convocatòria, fases de formació prèvies a la selecció, d'acord amb el que sigui determinat per reglament.

»Als efectes d'aquest article, l'Escola d'Administració Pública pot establir convenis amb altres centres per a la realització d'aquestes fases de formació».

Article 21
Nova redacció de l'article 39

Es modifica l'article 39 de la Llei 17/1985, que queda redactat de la manera següent:

«Si les característiques de l'oposició ho requereixen, les proves escrites es llegeixen davant els òrgans seleccionadors, que són facultats per a fer preguntes als aspirants sobre les qüestions que són objecte de la prova.

»La convocatòria corresponent pot establir una entrevista al candidat per avaluar la idoneïtat d'aquest respecte a les funcions genèriques del cos o l'escala o dels possibles llocs de treball a ocupar».

Article 22
Nova redacció de l'article 40

Es modifica l'article 40 de la Llei 17/1985, que queda redactat de la manera següent:

«—1 En la convocatòria respectiva es poden establir cursos de formació i, si escau, una fase de prova, que poden tenir caràcter selectiu.

»—2 S'han de regular per reglament la situació, els drets i els deures que poden correspondre als aspirants que realitzin els cursos de formació i la fase de prova».

Article 23
Nova redacció de l'article 43

Es modifica l'article 43 de la Llei 17/1985, que queda redactat de la manera següent:

«El sistema de concurs només es pot utilitzar per a adquirir la condició de funcionaris amb caràcter excepcional i només si es tracta de proveir places especials dels grups A i B que, per raó de llurs funcions i característiques i de la tecnificació requerida per a llur desenvolupament, han d'ésser proveïdes amb persones de mèrits rellevants i condicions excepcionals. Aquestes places especials, per a poder ésser proveïdes per concurs de mèrits, han de figurar especificades en un annex del pressupost de la Generalitat i també en la relació de llocs de treball».

Article 24
Nova redacció de l'article 44

Es modifica l'article 44 de la Llei 17/1985, que queda redactat de la manera següent:

«—1 El personal interí i el personal contractat laboral temporal ha d'ésser seleccionat mitjançant convocatòria pública que garanteixi els principis enunciats en els articles 23.2 i 103.3 de la Constitució.

»—2 Excepcionalment, per causa d'urgència apreciada per l'Administració, es pot nomenar personal interí o contractar personal laboral temporal directament, sense necessitat de convocatòria. A aquests efectes, el Govern pot regular per reglament una borsa de personal per a prestar serveis amb caràcter temporal per als casos de màxima urgència».

Article 25
Nova redacció de l'article 45

Es modifica l'article 45 de la Llei 17/1985, que queda redactat de la manera següent:

«—1 El Govern de la Generalitat ha de reglamentar la composició i el funcionament dels tribunals o òrgans tècnics de selecció, de manera que es garanteixi la ideoneïtat i la professionalitat de llurs membres, pel que fa al coneixement del contingut funcional dels llocs que es convoquen, de les tècniques de selecció i de les matèries que són objecte de les proves, i de manera que s'agilitin els processos selectius.

»—2 S'ha de garantir la presència en els tribunals o òrgans tècnics de selecció de funcionaris amb coneixements especialitzats sobre el contingut dels llocs de treball que se seleccionen. També es poden establir òrgans permanents de selecció, en els quals s'ha de garantir igualment la presència de funcionaris idonis.

»—3 En tots els òrgans encarregats de la selecció hi ha d'haver un membre en representació de l'Escola d'Administració Pública, i també un representant de l'òrgan competent en matèria de normalització lingüística, en qualitat d'assessor, amb veu però sense vot. No poden fer part dels òrgans de selecció els funcionaris que han impartit cursos o treballs per a la preparació d'aspirants a proves selectives els dos anys anteriors a la publicació de la convocatòria corresponent.

»—4 Cap tribunal ni òrgan tècnic no pot declarar superat el procés selectiu per un nombre d'aspirants que excedeixi el nombre de places que han estat objecte de la convocatòria. Les propostes d'aspirants aprovats que contravinguin a aquesta limitació són nul·les de ple dret».

Article 26

Nova redacció de l'article 46

Es modifica l'article 46 de la Llei 17/1985, que queda redactat de la manera següent:

«—1 Si la convocatòria ho determina, els aspirants han de superar un període de prova, la durada del qual s'ha de fixar en funció del cos o de l'escala als quals es vol ingressar.

»—2 Durant aquest període, sota la tutoria immediata de funcionaris, cal tenir cura que la persona adquireixi la formació pràctica que demana l'exercici de la funció pública i se n'ha d'avaluar la capacitat d'aprenentatge.

»—3 Una vegada finalitzat aquest període, n'emeten un informe els funcionaris encarregats del candidat i el cap o els caps de les unitats orgàniques on el funcionari ha complert el període de prova. Tots aquests informes es fan conèixer a l'interessat, que hi pot fer les al·legacions que consideri oportunes. Tota aquesta documentació s'inclou en el seu expedient personal i es tramet a l'òrgan competent».

Article 27

Nova redacció de l'article 47

Es modifica l'article 47 de la Llei 17/1985, que queda redactat de la manera següent:

«—1 Els llocs de treball reservats a funcionaris s'han de proveir pels sistemes següents, d'acord amb el que sigui establert en les relacions de llocs de treball corresponents:

»a) Concurs: constitueix el sistema normal de provisió i s'efectua mitjançant convocatòria pública, en la qual s'han d'establir els mèrits i la capacitat que han d'ésser considerats per a determinar la idoneïtat dels aspirants, atenent especialment els requisits exigibles segons les característiques de cada lloc de treball. També s'han de considerar, en relació amb el lloc a proveir, la valoració del treball desenvolupat, els cursos de formació i perfeccionament, l'antiguitat, el grau personal, les titulacions acadèmiques i el nivell de coneixement de la llengua catalana.

»Els concursos de provisió poden ésser generals, en què es convoquen globalment grups de llocs de característiques similars, o específics, en què cada lloc es convoca individualitzadament, atenent la naturalesa, les tasques o les responsabilitats genèriques dels llocs a proveir.

»En aquests concursos, amb la finalitat d'avaluar els coneixements, les habilitats, la idoneïtat i la capacitat d'adaptació al nou lloc dels candidats, es pot exigir, a més, l'elaboració de memòries, la realització d'entrevistes i tests professionals o la valoració d'informes d'avaluació o d'altres sistemes similars. En aquest sentit, s'ha de reglamentar l'elaboració periòdica d'un informe d'avaluació.

»Els llocs de cap de negociat, de cap de secció, de cap de servei i assimilats, i els llocs singulars que exigeixin tècniques o responsabilitats especials o les condicions d'ocupació dels quals tinguin peculiaritats pròpies, es proveeixen per concurs específic, llevat que constin en la relació de llocs de treball com a llocs de lliure designació.

»El Govern de la Generalitat ha de reglamentar la composició i el funcionament de les juntes de mèrits que han d'apreciar els mèrits dels candidats en els concursos específics per a proveir els llocs esmentats en el paràgraf anterior. Els membres que les componguin han de posseir la idoneïtat necessària i poden ésser assessorats per experts.

»b) Lliure designació: es proveeixen per aquest sistema els llocs de subdirector general i de secretari d'alt càrrec i aquells altres llocs de caràcter directiu o d'especial responsabilitat o que per la naturalesa de llurs funcions es determinin en les relacions de llocs de treball. El titular del centre directiu, l'organisme o l'entitat en què figuri el lloc convocat ha d'emetre un informe previ al nomenament corresponent.

»—2 Les convocatòries, tant les de concurs com les de lliure designació, han d'ésser publicades en el *Diari Oficial de la Generalitat de Catalunya*, i han d'establir un termini de quinze dies hàbils per a la presentació de les sol·licituds. Es poden aprovar unes bases generals de convocatòries, que serveixin per a totes les places que es convoquin successivament. Les convocatòries han d'incloure, en tot cas:

»a) La denominació, el nivell i la localització del lloc.

»b) Els requisits que s'exigeixin per a poder-hi optar, d'acord amb les relacions de llocs de treball.

»c) Els mèrits a valorar d'acord amb el contingut del lloc de treball i el barem de puntuació, per al cas de concurs.

»d) La puntuació mínima establerta, si s'escau, per a l'adjudicació de les vacants convocades, per al cas de concurs.

»D'acord amb el que estableix l'article 12.1.j), les convocatòries de concursos per als càrrecs de comandament i els llocs singulars a què s'ha fet referència i les convocatòries de lliure designació són competència del titular del departament a què estigui adscrita la plaça.

»Les resolucions de les convocatòries, tant les de concurs de mèrits com les de lliure designació, es publiquen en el *Diari Oficial de la Generalitat de Catalunya.*

»Als efectes de l'elaboració adequada de les convocatòries, amb independència del que disposa l'article 22, i per facilitar la gestió de les competències de personal, es poden elaborar manuals d'organització, en els quals es pot incloure la descripció de la missió, les funcions bàsiques i les tasques més rellevants dels diferents òrgans o llocs de treball i de les altres característiques dels llocs que es considerin adequades. En tot cas, s'ha d'entendre que són incloses entre les funcions del lloc les pròpies del cos o l'escala a què ha de pertànyer el funcionari que l'ocupa. Les definicions incloses en el manual tenen només caràcter orientatiu i poden ésser modificades lliurement per l'Administració per tal d'ajustar-les als canvis que es vagin produint en els llocs de treball en funció dels serveis que s'hi hagin de prestar.

»—3 D'acord amb el que sigui establert per reglament, els òrgans superiors competents en matèria de personal, per a una distribució adequada dels efectius, o per a garantir el funcionament adequat dels serveis, poden en cada un dels departaments, els organismes i les entitats que en depenen, per raons d'urgència degudament justificades o per necessitat dels serveis, adscriure un funcionari a un lloc de treball que estigui vacant, si compleix els requisits necessaris per a ocupar-lo. L'adscripció, si és de caire interdepartamental, ha d'ésser autoritzada pel departament competent en matèria de funció pública».

Article 28
Nova redacció de l'article 48

Es modifica l'article 48 de la Llei 17/1985, que queda redactat de la manera següent:

«El Govern de la Generalitat ha de promoure les condicions necessàries per a facilitar l'accés a la funció pública de persones discapacitades en igualtat de condicions que la resta d'aspirants».

Article 29
Nova redacció de l'article 49

Es modifica l'article 49 de la Llei 17/1985, que queda redactat de la manera següent:

«El desenvolupament de l'article 48 s'ha d'efectuar per mitjà del reglament general de selecció o provisió de llocs de treball, el qual, en tot cas:

»a) Ha de regular, amb la finalitat de poder assolir que el 2% de la plantilla sigui cobert per persones discapacitades que tinguin reconeguda la condició legal de disminuïdes, una reserva de fins a un 3% de les places incloses en les ofertes d'ocupació pública.

»b) Ha d'establir les condicions personals d'aptitud per a l'exercici de les funcions corresponents, les quals s'han d'acreditar, si s'escau, mitjançant un dictamen vinculant expedit per l'equip multiprofessional competent, que ha d'ésser emès abans del començament de les proves selectives, de manera que es pugui garantir el compliment de les funcions dels diferents llocs de treball i la prestació del servei públic consegüent.

»c) Ha de garantir que es facin les adaptacions que siguin necessàries, indicades pels equips multiprofessionals, per a la realització de les proves.

»d) Ha de garantir el dret preferent per a escollir les vacants, si s'escauen, en el torn respectiu, dels qui, en consideració de llur condició legal de disminuïts, accedeixen a la condició de funcionaris per la via de reserva, en el cas que l'assignació de llocs es faci, de conformitat amb l'article 54.1, per l'ordre de puntuació obtingut en el sistema selectiu».

Article 30

Nova redacció dels apartats 3 i 4 de l'article 52

Es modifiquen els apartats 3 i 4 de l'article 52 de la Llei 17/1985, que queden redactats de la manera següent:

«—3 Per a dur a terme la classificació a què es refereix l'apartat 2, s'ha de procedir a la valoració de cada lloc de treball, atenent el criteri de titulació, especialització, responsabilitat, competència i comandament.

»—4 Els nivells superiors assignats a un cos o a una escala poden coincidir amb els inferiors d'un altre cos o una altra escala per a l'ingrés als quals s'exigeix una titulació de nivell superior».

Article 31

Nova redacció de l'article 53

Es modifica l'article 53 de la Llei 17/1985, que queda redactat de la manera següent:

«—1 Tot funcionari posseeix un grau personal corresponent a algun dels nivells en què es classifiquen els llocs de treball.

»—2 El grau personal s'adquireix normalment pel fet d'haver ocupat durant dos anys consecutius o durant tres anys amb interrupció un o més llocs del nivell corresponent.

»—3 No obstant el que disposa l'apartat 2, els funcionaris que obtinguin un lloc de treball superior en més de dos nivells al corresponent a llur grau personal consoliden cada dos anys de serveis continuats el grau superior en dos nivells al que posseeixen, sense que en cap cas puguin superar l'assignat a llur lloc de treball ni, si s'escau, el màxim del grup al qual pertanyen.

»—4 El grau personal es pot adquirir també mitjançant la superació de cursos específics o els altres requisits objectius que siguin determinats pel Govern de la Generalitat. El procediment per a l'avaluació dels requisits objectius que permeten l'adquisició del grau personal s'han d'establir per reglament. Pel que fa a la selecció per a accedir als cursos específics, s'ha de fer per concurs.

»—5 Els funcionaris en actiu tenen dret a percebre almenys l'import del complement de destinació dels llocs de treball corresponents a llur grau personal».

Article 32

Nova redacció de l'apartat 1 de l'article 54

Es modifica l'apartat 1 de l'article 54 de la Llei 17/1985, que queda redactat de la manera següent:

«—1 Els funcionaris de nou ingrés ocupen amb caràcter general els llocs corresponents als nivells inferiors assignats al cos o a l'escala a què pertanyen, sens perjudici que amb caràcter general la consolidació del grau s'iniciï pel nivell mínim assignat a aquest cos o aquesta escala, si compleixen els requisits establerts per aquesta Llei. S'ha de regular per reglament el procediment a seguir per l'assignació de la primera destinació, que es pot fer per l'ordre de puntuació obtingut en el sistema selectiu o mitjançant qualsevol dels mecanismes establerts per l'article 47».

Article 33

Nova redacció de l'article 55

Es modifica l'article 55 de la Llei 17/1985, que queda redactat de la manera següent:

«—1 Els funcionaris nomenats poden ésser remoguts del lloc que ocupen:

»a) En el cas de nomenaments de lliure designació, amb caràcter discrecional. El funcionari cessat discrecionalment té dret a percebre les retribucions bàsiques pròpies del seu grup de titulació, el complement de destinació corresponent al grau personal consolidat i un complement personal i variable en substitució del complement específic del lloc que passi a ocupar, equivalent al 70% del complement específic mínim atribuït a llocs de treball del nivell corresponent al grau personal consolidat que acrediti, el qual complement personal no es percep si en el nou lloc que se li assigna té un complement específic igual o superior. Als efectes del càlcul de la quantia d'aquest complement personal, o es tenen en compte els conceptes de penositat, perillositat, incompatibilitat o dedicació superior a la normal, que seran els propis del lloc que s'assigna al funcionari.

»En els casos de cessament o remoció com a conseqüència d'un expedient disciplinari o pel fet d'haver participat el funcionari voluntàriament en una convocatòria pública, aquest té dret a percebre les retribucions bàsiques i el complement de destinació equivalent al grau personal que tingui consolidat, sens perjudici del complement específic del lloc que passi a ocupar.

»b) En el cas de nomenaments pel sistema de concurs, mitjançant expedient administratiu contradictori i no disciplinari, un cop escoltada la Junta de Personal o el delegat del Personal, si s'escau, en els supòsits següents:

»1 Si s'altera el contingut del lloc de treball mitjançant les relacions de llocs de treball i es modifiquen els supòsits que servien de base a la convocatòria.

»2 Si es produeix un rendiment insuficient que no comporti inhibició o si es manifesta una evident manca de capacitat per a ocupar el lloc de treball que li impedeixi de complir amb eficàcia les funcions assignades.

»—2 Els funcionaris que siguin remoguts o cessats d'un lloc de treball d'acord amb la normativa vigent sense obtenir-ne un altre per algun dels sistemes de concurs o lliure designació queden a disposició del secretari general del departament corresponent, que els ha d'atribuir provisionalment un lloc o l'exercici de funcions corresponents a llur cos o escala.

»—3 Sens perjudici del que disposa l'apartat 2, els funcionaris que cessin per alteració del contingut o supressió de llurs llocs de treball han de continuar percebent, mentre no se'ls atribueixi un altre lloc de treball i durant un termini màxim de tres mesos, les retribucions complementàries corresponents al lloc suprimit o alterat».

Article 34
Nova redacció de l'article 56

Es modifica l'article 56 de la Llei 17/1985, que queda redactat de la manera següent:

«La permanència en la situació de serveis especials o d'excedència forçosa es computa, a l'efecte de la consolidació del grau personal, com a temps prestat en l'últim lloc ocupat en la situació de servei actiu o en el lloc que s'hagi obtingut posteriorment per concurs».

Article 35
Nova redacció de l'article 57

Es modifica l'article 57 de la Llei 17/1985, que queda redactat de la manera següent:

«—1 Es garanteix la promoció interna, mitjançant l'accés des d'un cos o una escala d'un grup a d'altres del grup immediatament superior, als funcionaris que presten serveis a l'Administració de la Generalitat, si compleixen els requisits legals de titulació, tenen una antiguitat mínima de dos anys en el cos o l'escala a què pertanyen, compleixen la resta de requisits exigits en la convocatòria i superen els processos selectius que siguin determinats. A l'efecte de la promoció interna, les vacants no poden excedir del 65% de les places incloses a l'oferta, i s'ha de garantir un mínim d'un 20% de vacants en els casos en què hi hagi cos o escala de grup inferior de la mateixa àrea o especialitat.

»—2 Per a accedir a un altre cos o a una altra escala dins el mateix grup, els funcionaris que compleixen els requisits establerts per reglament i que s'acullen al torn de promoció interna que determina l'apartat 1 només han de superar la part dels processos selectius de l'especialitat del cos i de l'escala a què pretenen accedir que es determini en la convocatòria. En tot cas, és necessari que les funcions d'ambdós cossos o escales siguin substancialment coincidents o similars pel que fa al contingut professional i al nivell tècnic i que els funcionaris posseeixin la titulació acadèmica exigida en la convocatòria.

»—3 Els funcionaris que es promouen mitjançant torn restringit tenen preferència sobre els de torn lliure per a escollir els llocs de treball entre les vacants que són objecte de la convocatòria. No obstant això, els funcionaris que ocupen de forma definitiva un lloc classificat en les relacions de llocs de treball com a propi del grup de procedència i de contingut substancialment coincident amb el lloc al qual han estat promoguts poden optar per romandre en el mateix lloc.

»—4 Els funcionaris que es promouen conserven el grau personal que han consolidat en el cos o l'escala de procedència, sempre que es trobi inclòs en l'interval de nivells corresponents al nou cos o la nova escala. El temps de serveis prestats en aquell cos o aquella escala s'aplica, si escau, per a la consolidació del grau personal».

Article 36
Nova redacció de l'article 58

Es modifica l'article 58 de la Llei 17/1985, que queda redactat de la manera següent:

«Si el nombre d'aspirants que superen els processos selectius és inferior al de les places convocades en algun dels torns, el nombre resultant de vacants es pot incoporar del torn de promoció interna al torn lliure i a l'inrevés, sempre que les bases de la convocatòria ho disposin».

Article 37

Nova redacció de la lletra a) de l'article 59

Es modifica la lletra a) de l'article 59 de la Llei 17/1985, que queda redactada de la manera següent:

«a) Superar els processos selectius».

Article 38

Addició de dues noves lletres a l'article 61

S'afegeixen dues noves lletres a l'article 61 de la Llei 17/1985, amb el text següent:

«f) Per finiment del termini màxim de permanència en la situació d'excedència voluntària per interès particular sense haver sol·licitat el reingrés al servei actiu.

»g) Per defunció».

Article 39

Nova redacció de l'apartat 3 de l'article 64 i addició d'un nou apartat

—1 Es modifica l'apartat 3 de l'article 64 de la Llei 17/1985, que queda redactat de la manera següent:

«—3 Si es tracta de funcionaris pertanyents a cossos o escales de l'Administració de la Generalitat que ocupen llocs de treball el desenvolupament dels quals requereix unes condicions físiques o psíquiques especials, sempre que no els correspongui la jubilació o la incapacitat, s'han de reglamentar els mecanismes i els efectes perquè puguin prestar altres serveis, preferentment entre els propis de llur cos o escala o en llocs pertanyents a altres cossos o escales, en la mateixa localitat i que siguin adients a llur nivell de titulació, de formació i de coneixements».

—2 S'afegeixen dos nous apartats a l'article 64 de la Llei 17/1985, amb el text següent:

«—4 La jubilació voluntària es declara a instància del funcionari, d'acord amb el que sigui establert per reglament.

»—5 El Govern de la Generalitat pot aprovar plans específics per a incentivar la jubilació anticipada, els quals han de determinar-se l'àmbit d'aplicació, els incentius i les condicions i els requisits que cal complir per a poder-la sol·licitar. En tot cas, la concessió de la jubilació anticipada incentivada resta condicionada a les necessitats del servei. La declaració de jubilació anticipada incentivada impedeix d'ocupar llocs de treball en el sector públic sota cap mena de relació funcionarial o contractual, ja sigui de naturalesa laboral o administrativa».

Article 40

Nova redacció de l'article 65

Es modifica l'article 65 de la Llei 17/1985, que queda redactat de la manera següent:

«—1 La formació i el perfeccionament dels funcionaris són exercits per l'Administració de la Generalitat, fonamentalment per mitjà de l'Escola d'Administració Pública de Catalunya, que pot subscriure convenis amb altres escoles d'administració pública, amb universitats i amb altres centres docents de prestigi reconegut.

»—2 L'Escola d'Administració Pública de Catalunya ha de tenir cura d'organitzar cursos de formació o perfeccionament, especialment, per a la preparació de funcionaris directius, sobre les noves tecnologies relacionades amb la millora del funcionament dels serveis i sobre les altres matèries que tinguin un interès especial per al funcionament dels serveis públics. La superació dels cursos pot ésser condició indispensable per a la provisió de llocs de treball, d'acord amb el que sigui establert per reglament.

»—3 S'han de regular per reglament els documents acreditatius de la realització dels cursos i seminaris a què es refereix aquest capítol, que poden determinar l'avaluació o el grau d'aprofitament obtingut pel funcionari.

»—4 S'han de determinar per reglament els requisits objectius per a accedir als cursos de formació i perfeccionament i els efectes derivats de participar-hi per al personal al servei de l'Administració.

»—5 Per a col·lectius específics, i també si ho requereix el funcionament eficient dels serveis, es poden establir amb caràcter obligatori cursos de perfeccionament per al desenvolupament adequat dels llocs que ocupen».

Article 41

Nova redacció de la lletra b) de l'apartat 2 de l'article 67

Es modifica la lletra b) de l'apartat 2 de l'article 67 de la Llei 17/1985, que queda redactada de la manera següent:

«b) Els triennis, que consisteixen en una quantitat igual per a cada grup i per cada tres anys de serveis en aquest. En el supòsit que els tres anys de serveis no siguin en grups diferents, es computa per tots tres anys l'import corresponent al grup del cos o l'escala en el qual estigui en actiu el funcionari en el moment de perfer el trienni».

Article 42

Addició de tres nous apartats a l'article 68

S'afegeixen tres nous apartats a l'article 68 de la Llei 17/1985, amb el text següent:

«—3 Els empleats públics compresos en l'àmbit d'aplicació d'aquesta Llei, amb excepció dels que són sotmesos al règim d'aranzel, no poden percebre cap participació dels tributs, les comissions i els altres ingressos de qualsevol naturalesa que corresponen a l'Administració o a qualsevol poder públic com a contraprestació a qualsevol servei o jurisdicció, ni poden percebre cap participació de les multes interposades, ni cap premi en relació amb aquestes, encara que els siguin atribuïts per norma; han de percebre únicament les remuneracions del règim retributiu corresponent, sens perjudici del que resulta de l'aplicació del sistema d'incompatibilitats.

»—4 La quantia de les retribucions dels funcionaris que d'acord amb la normativa vigent facin una jornada inferior a la normal s'ha de reduir proporcionalment, en la forma regulada per les normes dictades per a l'aplicació del règim retributiu a què estiguin subjectes.

»—5 Per aconseguir un funcionament millor dels centres docents públics no universitaris i una utilització dels recursos humans i econòmics disponibles més ajustada i eficaç, el Departament d'Ensenyament pot efectuar nomenaments de professors interins en els centres docents públics no universitaris amb horaris de treball inferiors als establerts amb caràcter general. En aquest supòsit, les retribucions corresponents, tant les bàsiques com les complementàries, s'han de fixar proporcionalment a la jornada desenvolupada, en les condicions que siguin determinades pel Departament d'Ensenyament, amb l'informe favorable previ del Departament d'Economia i Finances».

Article 43

Nova redacció de la lletra c) de l'article 68 i addició de quatre noves lletres

—1 Es modifica la lletra c) de l'article 69 de la Llei 17/1985, que queda redactada de la manera següent:

«c) En serveis en altres administracions».

—2 S'afegeixen quatre noves lletres a l'article 69 de la Llei 17/1985, amb el text següent:

«f) En excedència forçosa.

»g) En excedència voluntària incentivada.

»h) En expectativa de destinació.

»i) En excedència voluntària per agrupació familiar».

Article 44

Nova redacció de l'article 71

Es modifica l'article 71 de la Llei 17/1985, que queda redactat de la manera següent:

«—1 L'excedència voluntària significa el cessament temporal de la relació de treball, sense dret a percebre cap tipus de retribucions.

»—2 L'excedència voluntària es pot concedir a petició del funcionari en els casos següents:

»a) Per interès particular. Per poder sol·licitar aquesta excedència cal haver prestat serveis efectius en qualsevol administració pública durant els cinc anys immediatament anteriors, i no s'hi pot romandre menys de dos anys continuats ni més del nombre d'anys equivalent als anys que el funcionari acrediti haver prestat serveis e nqualsevol de les administracions públiques, fins a un màxim de quinze anys. La manca de sol·licitud de reingrés al servei actiu dins el període de durada de l'excedència voluntària per interès particular comporta la pèrdua de la condició de funcionari.

»b) Per tenir cura d'un fill. Els funcionaris tenen dret a un període d'excedència no superior a tres anys per tenir cura d'un fill, bé sigui per naturalesa o per adopció, a comptar de la data del naixement. Els fills successius donen dret a un nou període d'excedència, que posa fi al període de què s'estigui gaudint. Si el pare i la mare treballen, solament un d'ells pot exercir aquest dret. Durant el primer any de cada període, els funcionaris en aquesta situació tenen dret a la reserva del lloc de treball i al còmput del temps a efectes de triennis, consolidació del grau personal i sistema de previsió o drets passius.

»El que disposa aquesta lletra s'aplica també en els casos d'acolliment reconegut per l'autoritat competent amb caràcter previ a l'adopció, sens perjudici del que determini la normativa del règim de previsió del funcionari.

»c) Per incompatibilitats. Es concedeix si els funcionaris públics es troben en situació de servei actiu en un altre cos o una altra escala de qualsevol de les administracions públiques o passen a prestar serveis en organismes o entitats del sector públic, sempre que no els correspongui de quedar en una altra situació i llevat que hagin obtingut l'autorització pertinent de compatibilitat, d'acord amb la legislació d'incompatibilitats. L'òrgan competent pet concedir automàticament i d'ofici aquest tipus d'excedència.

»—3 No es pot concedir l'excedència voluntària a un funcionari que estigui sotmès a expedient disciplinari o pendent del compliment d'una sanció, sens perjudici del que sigui establert per reglament per als supòsits a què es refereixen les lletres b) i c) de l'apartat 2.

»—4 El temps que hom roman en la situació d'excedència voluntària no es computa a efectes de triennis, grau i drets passius, ni comporta reserva de plaça i destinació, sens perjudici del que estableix la lletra b) de l'apartat 2.

»—5 El Govern pot aprovar mesures específiques per a incentivar l'excedència voluntària, les quals han de determinar-ne l'àmbit d'aplicació, els incentius i les condicions i els requists que cal complir per a poder-la sol·licitar. En tot cas, la declaració de la situació d'excedència voluntària incentivada resta condicionada a les necessitats del servei. L'excedència voluntària incentivada té una durada de cinc anys i impedeix d'ocupar llocs de treball en el sector públic sota cap tipus de relació funcionarial o contractual, ja sigui de naturalesa laboral o administrativa. Un cop transcorregut el termini de cinc anys, es passa automàticament, si no se sol·licita el reingrés, a la situació d'excedència voluntària per interès particular.

»El que estableixen els apartats 3 i 4 s'aplica igualment a la situació d'excedència voluntària incentivada».

Article 45

Nova redacció de l'article 72

Es modifica l'article 72 de la Llei 17/1985, que queda redactat de la manera següent:

«—1 Els funcionaris en actiu, propis o integrats en cossos, escales o places singulars de l'Administració de la Generalitat, que mitjançant els sistemes de provisió de llocs o per transferència de serveis passen a ocupar amb caràcter permanent llocs de treball adients als propis de llur cos o escala en altres administracions queden, respecte a la Generalitat, en la situació de serveis en altres administracions públiques. En aquesta situació, els funcionaris conserven la condició de funcionaris de la Generalitat, però sense reserva de plaça i destinació, i se'ls aplica el règim estatutari vigent en l'administració pública en què prestin els serveis.

»El que estableix el paràgraf anterior s'aplica també als funcionaris en actiu propis o integrats de les entitats locals que, pel sistema de provisió de llocs o perquè són objecte de transferència de serveis a altres administracions públiques, passen a ocupar amb caràcter permanent llocs de treball en aquestes.

»—2 Els funcionaris procedents d'altres administracions públiques que han accedit a la Generalitat i no estan integrats en cossos, escales o places singulars d'aquesta han de cessar totalment en llur vinculació amb la Generalitat si passen a prestar serveis amb caràcter permanent en una altra administració pública».

Article 46

Nova redacció de la lletra f) de l'apartat 1 i del paràgraf primer de l'apartat 2 de l'article 73 i addició d'una nova lletra a l'apartat 1 i d'un nou apartat

—1 Es modifica la lletra f) de l'apartat 1 de l'article 73 de la Llei 17/1985, que queda redactada de la manera següent:

«f) Quan ocupin càrrecs electius retribuïts i de dedicació exclusiva en les corporacions locals o quan prestin serveis en els gabinets de la Presidència del Govern de l'Estat, dels ministres i dels secretaris d'Estat o en llocs classificats com a personal eventual en la relació de llocs de treball de la Generalitat i de les entitats locals i no optin, en el cas de passar a ocupar llocs d'eventual, per continuar en actiu».

—2 S'afegeix una nova lletra a l'apartat 1 de l'article 73 de la Llei 17/1985, amb el text següent:

«l) Quan siguin elegits membres del Parlament Europeu».

—3 Es modifica el paràgraf primer de l'apartat 2 l'article 73 de la Llei 17/1985, que queda redactat de la manera següent:

«—2 Als funcionaris en situació de serveis especials se'ls computa el temps que romanguin en aquesta situació als efectes de consolidació del grau personal, dels triennis i dels drets passius i tenen dret a la reserva de plaça o destinació. Pel que fa a la consolidació del grau personal, cal atenir-se al que disposa la normativa vigent».

—4 S'afegeix un nou apartat a l'article 73 de la Llei 17/1985, amb el text següent:

«—4 Sens perjudici del que disposa l'apartat 3, el funcionari que perdi la condició per la qual va ésser declarat en serveis especials ha de sol·licitar el reingrés al servei actiu o la regularització de la seva situació en el termini que sigui establert per reglament».

Article 47
Nova redacció de l'apartat 1 de l'article 74 i addició d'un nou apartat

—1 Es modifica l'apartat 1 de l'article 74 de la Llei 17/1985, que queda redactat de la manera següent:

«—1 La suspensió d'ocupació d'un funcionari, que pot ésser provisional o ferma, es declara si ho determina l'autoritat o l'òrgan competent com a conseqüència d'un procediment judicial o disciplinari que li hagi estat instruït».

—2 S'afegeix un nou apartat a l'article 74 de la Llei 17/1985, amb el text següent:

«—5 En la incoació i la tramitació d'un expedient disciplinari per falta greu o molt greu es pot acordar excepcionalment, com a mesura cautelar, la suspensió provisional del funcionari per un període de tres mesos, prorrogables en el cas de faltes molt greus per tres mesos més, si els fets revesteixen una transcendència especial o en pot derivar un perjudici per als serveis públics o pot resultar perjudicada la investigació dels fets. Mentre duri aquesta situació de suspensió, el funcionari percep provisionalment les retribucions bàsiques i, si s'escau, l'ajut familiar.

»Si el funcionari no resulta sancionat o la sanció per l'expedient és inferior a la suspensió complerta, es reincorpora al seu lloc de treball i el temps d'excés se li computa com a temps de servei actiu, amb dret a totes les retribucions».

Article 48
Nova redacció de l'article 75

Es modifica l'article 75 de la Llei 17/1985, que queda redactat de la manera següent:

«—1 El reingrés al servei actiud dels funcionaris que no tinguin reserva de plaça i destinació es pot efectuar, en ocasió de vacant dotada pressupostàriament, per algun dels sistemes següents:

»a) Participant en convocatòries de provisió de llocs de treball, mitjançant concurs o lliure designació, sempre que compleixin els requisits generals de la convocatòria i obtinguin destinació d'acord amb els mèrits que s'hi estableixin.

»b) Per adscripció provisional a un lloc de treball vacant dotat pressupostàriament, sempre que el funcionari tingui els requisits necessaris per a ocupar-lo. El reingrés per adscripció provisional queda condicionat a les necessitats del servei.

»Als funcionaris procedents de la situació a què es refereix l'article 71.2.b) que ho sol·licitin, se'ls ha d'adscriure provisionalment en el mateix departament i la mateixa localitat on tenien la darrera destinació, si hi ha llocs de treball vacants dotats pressupostàriament.

»El lloc que hagi estat assignat amb caràcter provisional, llevat que estigui subjecte a amortització, ha d'ésser inclòs en la propera convocatòria pública de provisió que s'efectuï, en la qual el funcionari reingressat té l'obligació de participar.

»—2 Si el funcionari no obté destinació definitiva per algun dels procediments esmentats, o havent obtingut una adscripció provisional no participa en la convocatòria corresponent, resta en la situació que correspongui d'acord amb el que estableixen aquesta Llei i els reglaments que la desenvolupen».

Article 49

Addició d'una nova lletra a l'article 77

S'afegeix una nova lletra a l'article 77 de la Llei 17/1985, amb el text següent:

«h) Ésser tractats amb respecte a llur intimitat i amb la consideració deguda a llur dignitat, i rebre protecció o assistència envers les ofenses verbals o físiques de naturalesa sexual o de qualsevol altra naturalesa».

Article 50

Nova redacció de l'article 81

Es modifica l'article 81 de la Llei 17/1985, que queda redactat de la manera següent:

«—1 Els òrgans de representació dels funcionaris al servei de l'Administració de la Generalitat de Catalunya són les juntes de personal o, si s'escau, els delegats de personal.

»—2 L'acció sindical s'exerceix mitjançant les seccions sindicals, les quals són constituïdes pels empleats públics afiliats a cada sindicat, lliurement, d'acord amb llurs estatuts. La constitució de seccions sindicals, i els drets que els puguin correspondre, en els àmbits acordats per les organitzacions sindicals i el Govern de la Generalitat en el si de la Mesa General de Negociació s'han d'adequar al que sigui establert per la legislació vigent.

»—3 La participació en la determinació de les condicions de treball dels funcionaris i del personal estatutari es porta a terme en la Mesa General de Negociació i en les meses sectorials que, per decisió d'aquesta, s'acordi de constituir en sectors específics. La composició, les funcions i el funcionament dels esmentats òrgans són regulats per les lleis específiques sobre negociació col·lectiva i participació en la determinació de les condicions de treball dels empleats públics i pels acords i pactes que assoleixin les dites meses. Pel que fa a la composició i les renovacions dels representants de la part sindical, sens perjudici del que determinin les lleis específiques, cal atenir-se a criteris de proporcionalitat, segons els resultats obtinguts per les organitzacions sindicals en cada procés electoral.

»—4 Per acord de la Mesa General de Negociació, es poden nomenar mediadors, un o més d'un, si no és possible d'arribar a un acord en la negociació o sorgeixen conflictes en el compliment dels acords o pactes. El procediment de mediació s'ha de regular per reglament, d'acord amb la legislació bàsica».

Article 51

Nova redacció de la lletra c) de l'apartat 1 de l'article 83 i addició d'una nova lletra

—1 Es modifica la lletra c) de l'apartat 1 de l'article 83 de la Llei 17/1985, que queda redactada de la manera següent:

»c) Per a exàmens finals en centres oficials, un dia, i per a altres proves definitives d'avaluació i liberatòries en els esmentats centres, el temps indispensable per a fer-les».

—2 S'afegeix una nova lletra a l'apartat 1 de l'article 83 de la Llei 17/1985, amb el text següent:

«e) Per raó de matrimoni d'un familiar fins al segon grau d'afinitat o consanguinitat, el temps indispensable per a assistir-hi».

Article 52

Nova redacció dels apartats 1, 4 i 5 de l'article 84

—1 Es modifica l'apartat 1 de l'article 84 de la Llei 17/1985, que queda redactat de la manera següent:

«—1 Es poden concedir llicències per a fer estudis sobre matèries directament relacionades amb el lloc de treball, sempre que hi hagi un informe favorable del cap de la unitat orgànica en la qual el funcionari presta els seus serveis. Només si aquesta llicència es concedeix per interès propi de l'Administració el funcionari té dret a percebre totes les seves retribucions. L'apreciació d'aquest interès de l'Administració correspon als òrgans competents en matèria de personal. No obstant això, excepcionalment, l'Escola d'Administració Pública pot establir en la convocatòria dels cursos l'interès de l'Administració».

—2 Es modifiquen els apartats 4 i 5 de l'article 84 de la Llei 17/1985, que queden redactats de la manera següent:

«—4 Per raó de matrimoni el funcionari té dret a una llicència de quinze dies naturals.

»—5 Les llicències per a exercir funcions sindicals, de formació sindical o de representació de personal s'han d'atenir al que sigui determinat per reglament, amb consulta prèvia als òrgans de participació en la determinació de les condicions de treball».

Article 53

Nova redacció de l'apartat 2 de l'article 85 i addició de dos nous apartats

—1 Es modifica l'apartat 2 de l'article 85 de la Llei 17/1985, que queda redactat de la manera següent:

«—2 El funcionari que per raó de guarda legal té cura directa d'un infant de menys de sis anys o d'un disminuït psíquic o físic que no desenvolupa cap activitt retribuïda té dret a una reducció d'un terç o de la meitat de la jornada de treball, amb la reducció proporcional de les seves retribucions, tant bàsiques com complementàries, amb inclusió dels triennis. La concessió de la reducció de jornada per raó de guarda legal és incompatible amb el desenvolupament de qualsevol altra activitat, sigui o no sigui remunerada, durant l'horari que sigui objecte de la reducció. S'han d'establir per reglament les condicions amb què es pot donar la llicència en el cas que aquesta, per raó del comandament, afecti el rendiment del treball d'altres funcionaris».

—2 S'afegeixen dos nous apartats a l'article 85 de la Llei 17/1985, amb el text següent:

«—4 En el cas de part, les funcionàries tenen dret a un permís de setze setmanes ininterrompudes, ampliables en el supòsit de part múltiple fins a divuit setmanes. El període de permís es distribueix a opció de la interessada, sempre que sis setmanes siguin immediatament posteriors al part. En cas de mort de la mare, el pare pot fer ús de les setmanes que restin del permís per a tenir cura del fill o dels fills.

»No obstant això anterior, en el cas que la mare i el pare treballin, la mare, en iniciar el període de permís per a maternitat, pot optar perquè el pare gaudeixi de fins a quatre de les últimes setmanes del permís, sempre que siguin ininterrompudes i al final de l'esmentat període, llevat que en el moment de fer-se això efectiu la incorporació al treball de la mare suposi risc per a la seva salut.

»En el supòsit d'adopció o d'acolliment previ a l'adopció, per acord de l'autoritat competent, d'un menor de nou mesos, el funcionari té dret a un permís d'una durada màxima de vuit setmanes, ampliables a deu en cas d'adopció o acolliment múltiple, que es computen, segons la seva elecció, a partir de la resolució judicial o administrativa per la qual es constitueix l'adopció o l'acolliment. Si el fill adoptat o acollit és major de nou mesos i menor de cinc anys, el permís té una durada màxima de sis setmanes, ampliables a vuit en el cas d'adopció o acolliment múltiple. En el cas que el pare i la mare treballin, solament un d'ells pot exercir l'esmentat dret.

»—5 En els casos d'acolliment o d'adopció, les referències legals al moment del part, s'entén que són fetes a la decisió administrativa o judicial d'acolliment o a la resolució judicial d'adopció».

Article 54

Nova redacció de l'apartat 1 i de la lletra f) de l'apartat 2 de l'article 86 i addició d'una nova lletra

—1 Es modifica l'apartat 1 de l'article 86 de la Llei 17/1985, que queda redactat de la manera següent:

«—1 En el compliment de llurs funcions, encaminades a la satisfacció dels interessos generals, els funcionaris de la Generalitat han de respectar rigorosament els principis d'actuació derivats de l'article 103 de la Constitució».

—2 Es modifica la lletra f) de l'apartt 2 de l'article 86 de la Llei 17/1985, que queda redactada de la manera següent:

«f) Vetllar pel propi perfeccionament professional i, en particular, esforçar-se en el perfeccionament del coneixement del català per tal d'utilitzar-lo adequadament en la seva feina, i assistir amb aquesta finalitat als cursos que imparteixin els centres de formació».

—3 S'afegeix una nova lletra a l'apartat 2 de l'article 86 de la Llei 17/1985, amb el text següent:

«h) No alterar voluntàriament, per cap mitjà, les seves condicions físiques i psíquiques ni induir altre personal a fer-ho, quan això pugui afectar d'una manera considerable el funcionament regular dels serveis o la tasca que té encomanada».

Article 55

Nova redacció de l'article 91

Es modifica l'article 91 de la Llei 17/1985, que queda redactat de la manera següent:

«L'incompliment de les obligacions pròpies dels funcionaris, si implica la comissió de fets o omissions constitutius de falta, dóna lloc a les sancions corresponents, independentment de les que, segons els casos, puguin derivar de les responsabilitats civils o criminals».

Article 56

Nova redacció de les lletres l) i n) de l'article 93

—1 Es modifica la lletra l) de l'article 93 de la Llei 17/1985, que queda redactada de la manera següent:

«l) L'incompliment de l'obligació d'atendre els serveis mínims que siguin fixats, en cas de vaga, per tal de garantir la prestació de serveis que es considerin essencials».

—2 Es modifica la lletra n) de l'article 93 de la Llei 17/1985, que queda redactada de la manera següent:

«n) El fet de causar per negligència greu o per mala fe danys molt greus al patrimoni i els béns de la Generalitat».

Article 57

Nova redacció de l'article 94

Es modifica l'article 94 de la Llei 17/1985, que queda redactat de la manera següent:

«Es consideren com a faltes greus:

»a) L'incompliment de les ordres que provenen dels superiors i les autoritats que pugui afectar la tasca del lloc de treball, dins els límits assenyalats per l'article 86.2.b).

»b) L'abús d'autoritat en l'exercici del càrrec.

»c) La manca de consideració envers els administratius o el personal al servei de l'Administració en l'exercici de les seves funcions.

»d) El fet d'originar enfrontaments en els centres de treball o de prendre-hi part.

»e) La tolerància dels superiors respecte a la comissió de faltes molt greus de llurs subordinats.

»f) Les conductes constitutives de delicte dolós relacionades amb el servei o que causin un dany a l'Administració, als administrats o als companys.

»g) L'incompliment del deure de reserva professional, pel que fa als assumptes que coneix per raó del seu càrrec, si causa perjudici a l'Administració o s'utilitza en benefici propi.

»h) La intervenció en un procediment administratiu havent-hi motius d'abstenció establerts per via legal.

»i) La negativa a acomplir tasques que li són ordenades pels superiors per satisfer necessitats de compliment urgent, d'acord amb el que disposa l'article 86.2.b) i 4.

»j) L'emissió d'informes, l'adopció d'acords o l'acompliment d'actuacions manifestament il·legals, si causa perjudici a l'Administració o als ciutadans i no constitueix falta molt greu.

»k) El fet de causar danys greus en els locals, els materials o els documents del servei.

»l) L'atemptat greu contra la dignitat dels funcionaris o de l'Administració.

»m) L'exercici d'activitats compatibles amb el desenvolupament de les seves funcions sense haver obtingut l'autorització pertinent.

»n) La manca de rendiment que afecti el funcionament normal dels serveis, si no constitueix falta molt greu.

»o) L'incompliment injustificat de la jornada i l'horari de treball que, acumulat, suposi un mínim de deu hores per mes natural.

»p) La tercera falta injustificada d'assistència al treball en un període de tres mesos, si les dues anteriors han estat sancionades com a faltes lleus.

»q) Les accions o omissions dirigides a evadir els sistemes de control d'horaris o a impedir que siguin detectats els incompliments injustificats de la jornada i l'horari de treball.

»r) la pertorbació greu del servei.

»s) En general, l'incompliment greu dels deures i les obligacions derivats de la funció encomanada al funcionari.

»t) La reincidència en faltes lleus».

Article 58

Nova redacció de les lletres b), c), d), f) i h) de l'article 95

—1 Es modifiquen les lletres b), c) i d) de l'article 95 de la Llei 17/1985, que queden redactades de la manera següent:

«b) La lleugera incorrecció envers el públic o el personal al servei de l'Administració.

»c) La manca d'assistència al treball injustificada d'un dia.

»d) L'incompliment de la jornada i l'horari sense causa justificada, si no constitueix falta greu».

—2 Es modifica la lletra f) de l'article 95 de la Llei 17/1985, que queda redactada de la manera següent:

«f) La negligència en la conservació dels locals, del material i dels documents del servei, si no causa perjudicis greus».

—3 Es modifica la lletra h) de l'article 95 de la Llei 17/1985, que queda redactada de la manera següent:

«h) L'incompliment dels deures i les obligacions del funcionari, sempre que no constitueixi falta molt greu o greu».

Article 59

Nova redacció de l'article 96

Es modifica l'article 96 de la Llei 17/1985, que queda redactat de la manera següent:

«—1 El procediment per a determinar la responsabilitat disciplinària i la imposició de sancions, si escauen, s'ha d'establir per reglament, el qual ha de garantir els principis de legalitat, contradicció, audiència, pressumpció d'innocència i proporcionalitat i que es doni compte dels expedients disciplinaris als òrgans de representació col·lectiva. La durada màxima de l'expedient és de sis mesos, llevat que l'Administració justifiqui una pròrroga expressa o hi hagi una conducta dilatòria de l'inculpat.

»—2 Els òrgans competentes per a imposar les sancions són:

»a) En el cas de faltes lleus, els secretaris generals, directors generals o assimilats, respecte al personal que en depengui, mitjançant un expedient disciplinari sumari que ha de garantir en tots els casos l'audiència prèvia a l'interessat.

»b) En el cas de faltes greus, el secretari general del departament en el qual presta serveis l'inculpat o del qual depèn l'organisme o l'entitat en què presta serveis, d'acord amb el procediment que sigui establert per reglament. En la tramitació de l'expedient, l'inculpat pot disposar d'assistència lletrada.

»c) En el cas de faltes molt greus, el titular del departament en el qual presta serveis el funcionari responsable o del qual depèn l'organisme o l'entitat en què presta serveis, mitjançant l'expedient disciplinari que sigui determinat per reglament. En la tramitació de l'expedient, el funcionari responsable pot disposar d'assistència lletrada.

»d) No obstant el que estableixen els apartats anteriors, es pot determinar per reglament l'òrgan competent per a la resolució dels expedients per als casos en què els funcionaris inculpats prestin serveis en diferents departaments o pertanyin a col·lectius amb especificitats pròpies.

»e) La sanció de separació del servei requereix en tots els casos l'informe previ de la Comissió Tècnica de la Funció Pública».

Article 60
Nova redacció de l'article 97

Es modifica l'article 97 de la Llei 17/1985, que queda redactat de la manera següent:

«—1 Les sancions que es poden imposar són:

»a) Separació del servei.

»b) Suspensió de funcions, amb pèrduda de retribucions.

»c) Trasllat de lloc de treball amb canvi de residència.

»d) Destitució del càrrec de comandament.

»e) Trasllat de lloc de treball dins la mateixa localitat.

»f) Revocació del nomenament d'interí.

»g) Amonestació.

»h) Deducció proporcional de retribucions.

»i) Pèrdua d'un a tres graus personals.

»—2 La separació del servei, la suspensió de funcions per més d'un any i menys de sis i el trasllat de lloc de treball amb canvi de residència només es poden imposar per faltes molt greus.

»—3 La destitució del càrrec de comandament i la rescissió del nomenament d'interí es poden imposar per faltes greus o molt greus. Les sancions esmentades impossibiliten, per un període màxim de tres anys, l'obtenció d'un nou càrrec de comandament o d'un nou interinatge, respectivament, en l'Administració de la Generalitat.

»—4 El trasllat de lloc de treball dins la mateixa localitat i la suspensió de funcions per més de quinze dies i fins a un any només es poden imposar per faltes greus.

»—5 La suspensió de funcions fins a quinze dies i l'amonestació s'imposen per faltes lleus.

»—6 La deducció proporcional de retribucions pot ésser imposada com a sanció principal o accessòria per a les faltes de puntualitat i d'assistència.

»—7 La suspensió de funcions per més de quinze dies pot comportar la pèrdua del lloc de treball, que ha d'ésser determinada, en funció de les circumstàncies i de la falta comesa, per l'òrgan competent per a resoldre l'expedient, a proposta, si s'escau, de l'instructor.

»—8 El trasllat de lloc de treball comporta la impossibilitat de tornar a concursar, per un període màxim de dos anys.

»—9 La pèrdua de graus personals s'imposa per faltes greus o molt greus.

»—10 No es poden imposar sancions que consisteixin en la reducció de la durada de les vacances o una altra minoració dels drets de descans del funcionari o en una multa d'havers. La sanció en cap cas no pot comportar violació del dret a la dignitat de la persona o d'altres drets fonamentals».

Article 61
Nova redacció de la lletra d) de l'article 98

Es modifica la lletra d) de l'article 98 de la Llei 17/1985, que queda redactada de la manera següent:

«d) La reincidència».

Article 62
Nova redacció de l'article 99

Es modifica l'article 99 de la Llei 17/1985, que queda redactat de la manera següent:

«—1 Les faltes molt greus prescriuen al cap de sis anys, les greus al cap de dos anys i les lleus al cap de dos mesos.

»—2 Les sancions imposades per faltes molt greus prescriuen al cap de sis anys, les imposades per faltes greus prescriuen al cap de dos anys i les imposades per faltes lleus prescriuen al cap de dos mesos.

»—3 Les faltes comeses i les sancions imposades s'han d'inscriure en el Registre General de Personal.

»—4 Les inscripcions de faltes i sancions en el Registre General de Personal es cancel·len d'ofici, o a petició del funcionari, un cop transcorregut un període equivalent al de la prescripció de la falta, si durant aquest període no hi ha hagut cap nova sanció. La cancel·lació produeix els efectes pertinents, inclosos els relatius a l'apreciació de reincidència».

Article 63
Nova redacció de la lletra c) de l'article 100

Es modifica la lletra c) de l'article 100 de la Llei 17/1985, que queda redactada de la manera següent:

«c) El personal interí perd la condició quan no calen els seus serveis, quan la plaça a la qual és adscrit és ocupada per un funcionari, pel transcurs del temps especificat en el nomenament o en cas de renúncia. Perd també la seva condició quan, un cop instruït un expedient disciplinari, s'acorda de revocar-ne el nomenament».

Article 64

Nova redacció de l'article 101

Es modifica l'article 101 de la Llei 17/1985, que queda redactat de la manera següent:

«El personal laboral és retribuït d'acord amb la legislació que li és pròpia, però cal procurar que s'estableixi entre el dit personal una equiparació progressiva de les retribucions i de la resta de condicions de treball per a les tasques que impliquin unes mateixes condicions de preparació i unes mateixes funcions».

Article 65

Addició d'un nou apartat a la disposició addicional segona

S'afegeix un nou apartat a la disposició addicional segona de la Llei 17/1985, amb el text següent:

«En qualsevol cas, quan els funcionaris transferits accedeixen a un cos o a una escala propis de la Generalitat, se'ls ha d'aplicar el règim general de la Seguretat Social».

CAPÍTOL II

Addició de nous articles i de noves disposicions addicionals a la Llei 17/1985

Article 66

Addició d'un article 34 bis

S'afegeix un article 34 bis a la Llei 17/1985, amb el text següent:

«En la selecció del personal cal tenir en compte especialment l'adequació del sistema selectiu al contingut dels llocs de treball que s'hagin d'ocupar, de manera que s'analitzin els mèrits i l'experiència dels aspirants i llur capacitat i idoneïtat per al desenvolupament de les funcions públiques. En aquest sentit, es poden incloure en els procediments selectius valoracions sobre les experiències assolides i els coneixements teòrics, proves mèdiques o físiques, tests psico-tècnics o professionals, entrevistes, proves pràctiques i, en general, altres instruments que ajudin a determinar d'una manera objectiva els mèrits, la capacitat i la idoneïtat dels aspirants en relació amb el contingut dels llocs de treball que hagin d'ocupar. Així mateix, es poden establir proves alternatives dins un mateix cos o una mateixa escala en relació amb les especialitats corresponents dels llocs de treball que s'hagin de proveir».

Article 67

Addició d'un article 47 bis

S'afegeix un article 47 bis a la Llei 17/1985, amb el text següent:

«—1 · Sens perjudici de les facultats de redistribució d'efectius establertes per l'article 47.3, es faculta el Govern per a aplicar mesures i instruments de racionalització de l'organització i del personal, tan funcionari com laboral, que, en execució de les polítiques específiques de personal, poden incloure, entre altres, totes o alguna de les mesures següents:

»a) La realització de concursos de provisió de llocs limitats al personal d'àmbits determinats.

»b) L'establiment de mesures específiques de promoció interna.

»c) La suspensió d'incorporacions de personal extern a l'àmbit afectat, tant les derivades d'oferta d'ocupació com de processos de mobilitat.

»d) Trasllats de dependències administratives.

»e) Plans de formació i capacitació per a la recol·locació del personal.

»f) La prestació de serveis a temps parcial.

»g) L'establiment de convenis amb altres administracions públiques per a la reassignació d'efectius.

»—2 Així mateix, l'Administració de la Generalitat pot elaborar, d'acord amb el que sigui establert per les bases del règim estatutari dels funcionaris públics, plans d'ocupació, referits tant al personal funcionari com al laboral, per a l'òptima utilització dels recursos humans en l'àmbit que resulti afectat, dins els límits pressupostaris i d'acord amb les directrius de política de personal».

Article 68
Addició d'un article 70 bis

S'afegeix un article 70 bis a la Llei 17/1985, amb el text següent:

«Els funcionaris als quals hagi estat suprimit el lloc de treball com a conseqüència d'una redistribució d'efectius o d'altres mesures de racionalització de l'organització administrativa i de personal regulades per aquesta Llei que no hagin obtingut destinació poden ésser declarats en situació d'expectativa de destinació.

»En la situació d'expectativa de destinació, els funcionaris perceben les retribucions bàsiques, el complement de destinació del grau personal que correspongui i el 50% del complement específic del lloc que desenvolupaven en passar a aquesta situació.

»Els funcionaris en situació d'expectativa de destinació estan obligats a:

»a) Acceptar les destinacions que se'ls ofereixin en llocs de característiques similars a les que desenvolupaven.

»b) Participar en els concursos per a llocs adequats a llur cos, escala o categoria.

»c) Participar en els cursos de capacitació a què se'ls convoqui.

»El període màxim de durada de la situació d'expectativa de destinació és d'un any, transcorregut el qual es passa a la situació d'excedència forçosa.

»Als efectes restants, la situació d'expectativa de destinació s'equipara a la situació de servei actiu».

Article 69
Addició d'un article 71 bis

S'afegeix un article 71 bis a la Llei 17/1985, amb el text següent:

«Es pot concedir l'excedència voluntària per agrupació familiar, amb una durada mínima de dos anys i màxima de quinze, si el cònjuge del funcionari resideix en un altre municipi pel fet d'haver obtingut un lloc de treball definitiu com a funcionari de carrera o com a personal laboral en qualsevol administració pública, organisme autònom o entitat gestora de la Seguretat Social o en òrgans constitucionals o del poder judicial».

Article 70
Addició d'un article 72 bis

S'afegeix un article 72 bis a la Llei 17/1985, amb el text següent:

«—1 És procedent de declarar l'excedència forçosa en els casos següents:

»a) Si, esgotat el període d'excedència voluntària per a tenir cura d'un fill, el funcionari sol·licita el reingrés al servei actiu i aquest no és possible per manca de vacant pressupostària.

»b) Si, d'acord amb els procediments legalment vigents, es produeix una reducció de llocs de treball i no és possible de mantenir els funcionaris afectats en servei actiu per manca de llocs vacants amb dotació pressupostària.

»—2 Els excedents forçosos tenen dret a percebre les retribucions bàsiques i, si s'escau, l'ajut familiar. El temps d'excedència forçosa és computable a efectes de drets passius i de triennis.

»—3 Els excedents forçosos són reingressats provisionalment quan es produeix una vacant amb dotació pressupostària, i tenen dret preferent els excedents per a tenir cura d'un fill, després els excedents per reducció de llocs de treball i en darrera instància els excedents procedents d'una suspensió ferma. Els excedents forçosos han de participar necessàriament en tots els concursos de trasllats que es convoquin que siguin adequats per a llur cos o escala; en cas de no fer-ho, són declarats en situació d'excedència voluntària per interès particular».

Article 71
Addició de disposicions addicionals

—1 S'afegeix una *disposició addicional quinzena a la Llei 17/1985*, amb el text següent:

«—1 La data inicial per a la consolidació del grau personal dels funcionaris de carrera és la del 5 de juliol de 1977.

»—2 Els funcionaris de carrera que durant més de dos anys continuats, o tres amb interrupció, desenvolupin o hagin desenvolupat en l'Administració de la Generalitat llocs d'alts càrrecs, amb categoria igual o superior a director general, perceben des de llur reincorporació al servei actiu, i mentre es mantinguin en aquesta situació, el complement de destinació corresponent a llur grau personal, incrementat de la quantitat necessària per a igualar-lo al valor del complement de destinació o equivalent que es fixi per als directors generals en cada exercici pressupostari, més un complement personal i variable que es determina d'acord amb el que estableix l'article 55.1.a)».

—2 S'afegeix una *disposició addicional setzena a la Llei 17/1985*, amb el text següent:

«El temps de serveis prestats dins l'àmbit organitzatiu de l'Administració ha d'ésser reconegut, a efectes de triennis, en adquirir la condició de funcionari, d'acord amb les funcions desenvolupades, mitjançant el procediment que sigui establert per reglament».

—3 S'afegeix una *disposició addicional dissetena a la Llei 17/1985*, amb el text següent: «Als efectes del que disposa l'article 2.2.c), les referències d'aquesta Llei al personal al servei de l'Administració de la Generalitat s'ha d'entendre que són fetes, també, al personal al servei de les entitats locals situades en el territori de Catalunya, exceptuats els funcionaris amb habilitació de caràcter estatal».

—4 S'afegeix una *disposició addicional divuitena a la Llei 17/1985*, amb el text següent:

«En el cas que per a l'accés a un cos, una escala o un grup s'exigeixin, d'acord amb la normativa vigent, diverses titulacions genèriques del mateix nivell, en les convocatòries de selecció corresponents es pot exigir una titulació o determinades titulacions concretes fixades en la relació de llocs de treball que siguin adequades al contingut de les funcions pròpies de les places a proveir i excloure les altres titulacions establertes per les normes vigents, amb la finalitat de garantir les necessitats reals dels serveis. Així mateix, en les convocatòries respectives, els aspirants poden ésser obligats a optar per places d'una titulació determinada, amb exclusió de la resta».

—5 S'afegeix una *disposició addicional dinovena a la Llei 17/1985*, amb el text següent:

«En l'àmbit de cada delegació territorial del Govern hi pot haver un delegat per a cadascun dels departaments.

»Els delegats de cada departament són càrrecs de nivell orgànic inferior al dels delegats territorials del Govern i llur nomenament és acordat lliurement pel conseller de cada departament mitjançant convocatòria pública i pel sistema de lliure designació entre funcionaris de carrera; llur cessament també és lliure. Excepcionalment, per raons tècniques, funcionals o territorials, el Govern pot determinar que els esmentats càrrecs tinguin caràcter d'autoritat, amb el rang damunt dit».

—6 *S'afegeix una disposició addicional vintena a la Llei 17/1985*, amb el text següent:

«Els ciutadans dels estats membres de la Unió Europea, no obstant el que estableix l'article 33.a), poden accedir a la funció pública de l'Administració de la Generalitat, d'acord amb els requisits que siguin determinats per la normativa específica. En idèntiques condicions poden accedir a la funció pública de l'Administració de la Generalitat els ciutadans dels estats als quals, en virtut de tractats internacionals subscrits per la Unió Europea i ratificats per Espanya, els sigui aplicable la lliure circulació de treballadors, en els termes en què aquesta es troba definida en el Tractat constitutiu de la Comunitat Europea».

—7 S'afegeix una *disposició addicional vint-i-uena a la Llei 17/1985*, amb el text següent:

«—1 Es crea el Consell de la Policia Autonòmica de Catalunya, com a òrgan de representació paritària de l'Administració de la Generalitat i dels membres del cos de mossos d'esquadra, adscrit al Departament de Governació.

»—2 Correspon al Consell de la Policia Autonòmica dur a terme tasques de mediació i conciliació en cas de conflictes col·lectius i assegurar la participació en l'establiment de les condicions de prestació de serveis dels funcionaris del cos de mossos d'esquadra; formular mocions i evacuar consultes relatives a l'estatut professional i emetre informes en els expedients disciplinaris que s'instrueixin als representants del cos de mossos d'esquadra en el Consell; emetre informe previ sobre les disposicions de caràcter general que es dictin sobre les matèries a què s'ha fet referència, i complir les altres funcions que li atribueixin les lleis i les disposicions generals.

»—3 El Consell de la Policia Autonòmica, sota la presidència del conseller de Governació o de la persona en qui aquest delegui, és integrat pels representants de l'Administració que designi el conseller de Governació i pels representants dels membres del cos de mossos d'esquadra, sobre la base d'un representant per cada dos-cents cinquanta funcionaris, o fracció, de cadascuna de les escales que constitueixen el cos.

»—4 La proporció establerta per l'apartat 3 es pot motificar per mitjà dels successius decrets de convocatòria, mentre duri el procés de creixement del cos de mossos d'esquadra i no se superi la xifra total de quinze membres en representació del cos i quinze en representació de l'Administració.

»—5 Els representants del cos de mossos d'esquadra en el Consell de la Policia Autonòmica són elegits per escales, mitjançant sufragi personal, directe i secret, per un període de quatre anys, i poden ésser reelegits en successius processos electorals.

»—6 S'han d'establir per reglament l'organització i el funcionament intern del Consell de la Policia Autonòmica i les normes de convocatòria i de desenvolupament de les eleccions dels seus membres».

—8 *S'afegeix una disposició addicional vint-i-dosena a la Llei 17/1985*, amb el text següent:

«—1 D'acord amb l'article 20 de la Llei orgànica 2/1986, del 13 de març, de forces i cossos de seguretat, s'estableix a la Direcció General de Seguretat Ciutadana del Departament de Governació el Registre especial d'organitzacions sindicals de la Policia Autonòmica de Catalunya, els estatuts de les quals han de complir els requisits que determina l'esmentat article.

»—2 S'aplica al cos de mossos d'esquadra l'especificitat del dret de sindicació establerta per l'article 18.2 de la Llei orgànica 2/1986, del 13 de març.

»—3 S'aplica a les organitzacions sindicals legalment constituïdes i inscrites en el registre a què es refereix l'apartat 1 el que estableixen els articles 21 i 22 de la Llei orgànica 2/1986, del 13 de març».

—9 *S'afegeix una disposició addicional vint-i-tresena a la Llei 17/1985*, amb el text següent:

«El personal transferit de l'Administració de l'Estat pertanyent a l'Escala de Monitor d'Extensió Agrària que tingui la titulació pertinent queda integrat en el cos de diplomats corresponent al grup B dels que estableix l'article 2 de la Llei 9/1986, del 10 de novembre, de cossos de funcionaris de la Generalitat. Els funcionaris esmentats que no tinguin aquesta titulació disposen d'un termini de cinc anys per a obtenir-la».

—10 *S'afegeix una disposició addicional vint-i-quatrena a la Llei 17/1985*, amb el text següent:

«—1 El personal de nova incorporació a les entitats del Servei Català de la Salut creades de conformitat amb l'article 7.2 de la Llei 15/1990, del 9 de juliol, d'ordenació sanitària a Catalunya, es regeix per les normes de dret laboral.

»—2 Les entitats a què es refereix l'apartat 1 han d'oferir al personal funcionari de l'Administració de la Generalitat i al personal estatutari de la Seguretat Social que els hagi estat adscrit la incorporació en la seva plantilla de personal laboral. Aquesta oferta s'ha de realitzar en un termini de cinc anys, comptadors a partir de la constitució de l'entitat respectiva, i d'acord amb les previsions pressupostàries. La incorporació comporta el reconeixement de l'antiguitat que correspongui a l'interessat, el qual resta respecte al seu cos o la seva categoria d'origen en la situació d'excedència voluntària per incompatibilitat regulada pels articles 71.2.c) d'aquesta Llei i 29.3.a) de la Llei de l'Estat

30/1984, del 2 d'agost, de mesures per a la reforma de la funció pública, amb la prèvia assignació, si escau, del seu grau personal.

»—3 El personal funcionari o estatutari a què es refereix l'apartat 2 que no opti per incorporar-se a la plantilla laboral de l'entitat corresponent en el moment que li sigui ofert s'ha de reincorporar al seu lloc d'origen o, si això no és possible, a una altra plaça del Departament de Sanitat i Seguretat Social o de l'Institut Català de la Salut del mateix cos o la mateixa categoria, en el qual cas s'ha de respectar, si escau, el que disposa l'article 55. Aquesta plaça ha d'estar ubicada en la mateixa localitat que la plaça ocupada originàriament, llevat que, per inexistència de places, això no sigui possible, supòsit en el qual s'apliquen els mecanismes de redistribució d'efectius o les altres mesures de racionalització de l'organització administrativa regulades per aquesta Llei.

»—4 Les places que resultin afectades per l'exercici del dret d'opció regulat per aquesta disposició han d'ésser amortitzades d'acord amb el procediment establert. El conseller d'Economia i Finances, a proposta del conseller de Sanitat i Seguretat Social, ha de portar a terme les modificacions pressupostàries que permetin de finançar les plantilles de personal laboral de les entitats esmentades amb càrrec a les dotacions corresponents a les places amortitzades».

Article 72
Addició de noves disposicions transitòries

—1 S'afegeix una *disposició transitòria dotzena a la Llei 17/1985*, amb el text següent:

«—1 D'acord amb els principis d'aquesta Llei, el Govern de la Generalitat ha de fer l'estudi i la classificació de les funcions que són complertes per personal laboral, a l'efecte de determinar quines d'aquestes han d'ésser complertes per funcionaris públics.

»—2 En cap cas la determinació d'un lloc de treball com a propi d'un cos o una escala de funcionaris no comporta el cessament del personal laboral que l'ocupava amb caràcter permanent, ni afecta les expectatives de promoció professional d'aquest personal, que s'ha de continuar regint per la normativa que li sigui aplicable.

»—3 El personal laboral fix afectat per aquesta disposició que a l'entrada en vigor d'aquesta Llei presti serveis en l'Administració de la Generalitat o tingui una suspensió de contracte amb dret a reserva en llocs de treball que siguin classificats per a funcionris pot participar en els processos selectius d'accés als cossos o les escales que determini el Govern de la Generalitat, sempre que posseeixi la titulació necessària i compleixi la resta de requisits exigits per la convocatòria.

»—4 En les convocatòries a què es refereix l'apartat 3 es pot establir un torn de reserva especial per al personal laboral esmentat, l'expedient administratiu del qual pot ésser valorat com a mèrit, en la forma i amb les condicions que siguin establertes. No pot participar en aquest torn de reserva especial el personal les places del qual no hagin estat classificades prèviament.

»—5 El personal laboral fix que superi les proves selectives a què es refereix l'apartat 3 queda destinat al lloc de treball de personal funcionari en què s'ha reconvertit el lloc que ocupava, en el qual ha de romandre un mínim de dos anys, i se li aplica a tots els efectes la normativa sobre règim estatutari.

»—6 El procés descrit per aquesta disposició se segueix també en l'àmbit docent, amb les peculiaritats que per al personal d'aquest àmbit deriven de la Llei orgànica 1/1990, general del sistema educatiu».

—2 *S'afegeix una disposició transitòria tretzena a la Llei 17/1985*, amb el text següent:

«El Govern ha d'adoptar per reglament les mesures adequades per a facilitar l'aplicació progressiva dels concursos específics a què es refereix l'article 47».

DISPOSICIONS DEROGATÒRIES

—1 *Es deroguen* els articles 41.2, 60 i 73.1.i), les disposicions addicionals primera i setena i les disposicions transitòries desena i onzena de la *Llei 17/1985, del 23 de juliol*, de la funció pública de l'Administració de la Generalitat.

¶ 16 Llei 9/1986, de 10 de novembre, de cossos de funcionaris de la Generalitat de Catalunya

Modificació de l' art. 8 per la Llei 9/1994, de 29 de juny, de reforma de la legislació relativa a la funció pública de la Generalitat de Catalunya, que disposa:

Article 73
Addicions a la Llei 9/1986

S'afegeixen *dos nous apartats a l'article 8 de la Llei 9/1986, del 10 de novembre,* de cossos de funcionaris de la Generalitat, amb el text següent:

«—3 Als efectes del que disposa aquesta Llei, es consideren equivalents als grups A, B, C, D i E els índexs de proporcionalitat 10, 8, 6, 4 i 3, respectivament.

»—4 Els funcionaris d'altres administracions públiques que prestin serveis amb caràcter definitiu en l'Administració de la Generalitat es consideren integrats en la funció pública d'aquesta en places singulars del grup corresponent, si no existeixen cossos o escales de la Generalitat de funcions homologables amb els d'origen».

Derogació de l'art. 5 per la Llei 5/1994, de 4 de maig, de regulació dels serveis de prevenció i extinció d'incendis i de salvaments de Catalunya, que disposa :

DISPOSICIÓ DEROGATÒRIA

Es deroga l'article 5 de la Llei 9/1986, del 10 de novembre, de cossos de funcionaris de la Generalitat de Catalunya, i totes les disposicions legals o reglamentàries que s'oposin al que estableix la Llei present o ho contradiguin.

¶ 17 Llei 21/1987, de 26 de novembre, d'incompatibilitats del personal al servei de l'Administració de la Generalitat de Catalunya

Modificació de l' art. 22 per la Llei 9/1994, de 29 de juny, de reforma de la legislació relativa a la funció pública de la Generalitat de Catalunya, que disposa:

Article 74
Addicions a la Llei 21/1987

S'afegeix una frase al final de la lletra c) de l'article 22 de la Llei 21/1987, del 26 de novembre, d'incompatibilitat del personal al servei de l'Administració de la Generalitat, amb el text següent:

«Si l'activitat principal es desenvolupa en les universitats catalanes, aquesta competència és exercida pel rector correspoent».

¶ 18 Decret 28/1986, de 30 de gener, de Reglament de selecció de personal de l'Administració de la Generalitat de Catalunya

Modificació dels art. 17 i 22 pel Decret 144/1994, de 14 de juny, pel qual es regulen i s'adeqüen, d'acord amb la Llei 30/1992, de 26 de novembre, els procediments reglamentaris que afecten les matèries de règim local, joc, espectacles, activitats recreatives, policia autonòmica i local i personal al servei de la Generalitat, que disposa:

Secció IV
Decret 28/1986, de 30 de gener, de Reglament de selecció de personal de l'Administració de la Generalitat de Catalunya.

Article 94

Es modifiquen els apartats e), i) i k) i s'afegeix al final de l'article 17 un nou paràgraf, amb els continguts següents:

«e) Proves selectives que s'hagin de realitzar i, si s'escau, relació de mèrits que s'han de tenir en compte en la selecció. Determinació, si s'escau, de les característiques, la durada i el termini màxim per al començament del curs de formació o del curs selectiu.

»i) Període d'inici de les proves, tenint en compte que aquestes s'efectuaran dins el termini màxim de durada del procés de realització dels exercicis, que no serà superior a 8 mesos.

»k) Característiques, durada i termini màxim per al començament del període de pràctiques.

»A les convocatòries es disposaran els actes del procediment selectiu o de concurrència selectiva que s'hagin de motivar. Aquesta motivació es basarà en el compliment de les normes reglamentàries i de les bases de la convocatòria».

Article 95

Es *modifica* el contingut *del primer paràgraf de l'article 22*, el qual passarà a tenir el contingut següent:

«Un cop finalitzat el termini de presentació d'instàncies, l'autoritat convocant, o aquella en qui hagi delegat, dictarà resolució en el termini màxim d'un mes i declararà aprovada la llista d'admesos i exclosos. En l'esmentada resolució, que s'haurà de publicar en el *Diari Oficial de la Generalitat de Catalunya*, s'inclouran els llocs en què es troben exposades al públic les llistes completes certificades d'aspirants admesos i exclosos, amb indicació d'un termini de deu dies per a esmenes i possibles reclamacions. Una vegada transcorreguts 15 dies des de l'expiració del termini anterior, es faran públiques pel mateix procediment les llistes definitives d'admesos i exclosos; en aquesta resolució aprovatòria de les llistes definitives es determinarà el lloc i la data de començament dels exercicis i l'ordre d'actuació dels aspirants».

¶ 20 Decret 65/1987, de 15 de gener, pel qual s'aprova el Reglament general de provisió de llocs de treball, de promoció professional i de promoció interna dels funcionaris de l'Administració de la Generalitat de Catalunya

Modificació dels art. 54 i 70 pel Decret 144/1994, de 14 de juny, pel qual es regulen i d'adeqüen, d'acord amb la Llei 30/1992, de 26 de novembre, els procediments reglamentaris que afecten les matèries de règim local, joc, espectacles, activitats recreatives, policia autonòmica i local i personal al servei de la Generalitat, que disposa :

Secció 2

Decret 65/1987, de 15 de gener, pel qual s'aprova el Reglament general de provisió de llocs de treball, de promoció professional i promoció interna dels funcionaris de l'Administració de la Generalitat de Catalunya

Article 91

S'afegeix un *nou paràgraf a l'article 54*, amb el contingut següenht:

«Transcorregut el termini de tres mesos des de la presentació al registre corresponent de la sol·licitud de reingrés al servei actiu sense contestació per part de l'Administració, la petició s'entendrà desestimada».

(Supòsit 81).

Article 92

S'afegeix un *nou apartat al final de l'article 70* en el següent sentit:

«Transcorregut el termini de tres mesos des de la presentació de sol·licitud de reconeixement d'un determinat grau personal sense resolució expressa del secretari general del Departament corresponent, la petició s'entendrà desestimada».

(Supòsit 82).

¶ 22 LLei 11/1981, de 7 de desembre, de patrimoni de la Generalitat de Catalunya

Modificació de l'art. 37 pel Decret legislatiu 15/1994, de 26 de juliol, pel qual s'adequa la Llei 11/1981, de 7 de desembre, de patrimoni de la Generalitat a la Llei 30/1992, que disposa :

La Llei 2/1994, de 24 de març, de bases de delegació en el Govern per a l'adequació de les lleis de Catalunya a la Llei de règim jurídic de les administracions públiques i del procediment administratiu comú, delega en el Govern de la Generalitat perquè dicti normes amb rang de llei per tal d'adequar la Llei 11/1981, de 7 de desembre, de Patrimoni de la Generalitat, a la Llei 30/1992, de 26 de novembre, de règim jurídic de les administracions públiques i del procediment administratiu comú.

En l'exercici de la delegació esmentada, dins el termini que finalitza el 27 d'agost de 1994, d'acord amb els principis i criteris que regeixen la Llei 30/1992, de 26 de novembre, als quals ha de cenyir-se l'elaboració dels decrets legislatius corresponents, es modifica la Llei 11/1981, de 7 de desembre, de patrimoni de la Generalitat.

Les modificacions que motiven aquest Decret legislatiu tenen com a finalitat l'adequació de la Llei 11/1981, de 7 de desembre, de patrimoni de la Generalitat, als principis i a les normes de l'esmentada Llei 30/1992, de 26 de novembre.

En virtut de tot el que s'ha exposat, en l'exercici de la delegació esmentada per la Llei 2/1994, de 24 de març, a proposta del conseller d'Economia i Finances, de conformitat amb el dictamen emès per la Comissió Jurídica Assessora i amb la deliberació prèvia del Govern,

Article únic

Es modifica l'article 37 de la Llei 11/1981, de 7 de desembre, de patrimoni de la Generalitat, en els termes que s'estableixen a continuació:

«Article 37

»—1 Els particulars, ja siguin persones físiques o jurídiques que per frau, negligència o a títol de simple inobservança causin danys en el domini públic de la Generalitat, o la usurpin de la manera que sigui, estaran obligats a reparar el dany i a restituir el que hagin sostret i seran responsables de la comissió de fets constitutius d'infracció administrativa.

»—2 Les infraccions administratives es classificaran en lleus, greus i molt greus.

»a) Es consideren infraccions lleus les que hagin produït danys fins a 100.000 pessetes.

»b) Greus les que hagin produït danys de 100.001 a 1.000.000 pessetes.

»c) Molt greus les que hagin produït danys de més de 1.000.000 de pessetes.

»—3 Les sancions a imposar seran les següents:

»a) Per infraccions lleus, fins al tant del perjudici causat.

»b) Per les infraccions greus des del tant fins al tant més un 50% del perjudici causat.

»c) I per les infraccions molt greus del tant i un 50% fins al doble del perjudici causat.

»—4 Les sancions a imposar es graduaran atenent a la intencionalitat, reiteració o naturalesa dels perjudicis causats o la reincidència.

»—5 Per disposició reglamentària podrà regular-se el procediment per a l'exercici de la potestat sancionadora, atenent als principis del procediment sancionador que regula el capítol I del títol IX de la Llei 30/1992, del 26 de novembre.

»—6 Tant les infraccions com les sancions prescriuran en els terminis i les condicions que estableixen les normes amb rang de llei.

»—7 L'exercici de la potestat sancionadora correspondrà al director general del Patrimoni, sense possibilitat que pugui delegar-se en cap altre òrgan distint, d'acord amb la Llei 30/1992.

»—8 Contra la resolució del director general del Patrimoni es podrà interposar recurs ordinari.»

¶ 23 Decret 323/1983, de 14 de juliol, pel qual s'aprova el Reglament per a l'execució de la Llei 11/1981, de 7 de desembre, de patrimoni de la Generalitat

Modificació dels art. 49, 52, 69, 70, 75 i 103 pel Decret 172/1994, de 14 de juny, pel qual es modifiquen determinats procediments en matèria de la competència del Departament d'Economia i Finances, que disposa :

Article 14
Decret 323/1983, de 14 de juliol, pel qual s'aprova el Reglament per a l'execució de la Llei 11/1981, de 7 de desembre, de Patrimoni de la Generalitat.

1) S'afegeix un tercer apartat a l'article 49:

«49.3 Transcorregut el termini de tres mesos sense que s'hagi iniciat per acord del director general del patrimoni l'expedient d'atermenament a instància de part, s'entendrà desestimada la petició».
(Núm. supòsit: 22)

2) S'afegeix, com a segon apartat, un nou paràgraf a l'article 52, i, per tant, els números 2, 3 i 4 queden com a números 3, 4 i 5.

«52.2 S'entendrà desestimada la pràctica de l'atermenament transcorreguts tres mesos des de l'acord d'inici de l'expedient a què fa referència l'article anterior, sense que hagi recaigut resolució expressa acordant la seva pràctica.»

(Núm. supòsit: 23)

3) S'afegeix un tercer apartat a l'article 69:

«69.3 Transcorreguts tres mesos des de la sol·licitud d'ús dels béns de domini públic sense que hagi recaigut resolució expressa atorgant llicència, s'entendrà desestimat el seu atorgament».
(Núm. supòsit: 24)

4) S'afegeix, com a apartat segon, un nou paràgraf a l'article 70, i, per tant, el número 2 queda com a número 3.

«70.2 Transcorreguts tres mesos des de la sol·licitud de permís sense que hagi recaigut resolució expressa atorgant-lo, s'entendrà desestimat l'esmentat permís.»
(Núm. supòsit: 25)

5) S'afegeix, com a apartat segon, un nou paràgraf a l'article 75, i, per tant, els números 2 i 3 queden com a números 3 i 4:

«75.2 En el supòsit que transcorregut el termini de sis mesos des de la petició a què fa referència el paràgraf anterior, sense que hagi recaigut resolució expressa atorgant la concessió administrativa, aquesta s'entendrà desestimada».

(Núm. supòsit: 26)

6) S'afegeix, com a apartat quart, un nou paràgraf a l'article 103, i, per tant, el número 4 queda com a número 5.

«103.3 S'entendrà desestimat el dret a l'adquisició a què fa referència l'apartat anterior, si transcorreguts sis mesos des de la resolució de desafectació formal, degudament notificada i publicada, no s'ha resolt de forma expressa.»

(Núm. supòsit: 27)

¶ 24 Llei 14/1987, de 9 de juliol, d'estadística

Modificació dels art. 39, 40, 41 i 43 pel Decret legislatiu 8/1994, de 13 de juliol, pel qual d'adequa la Llei 14/1987 a la llei 30/1992, que disposa :

La Llei 2/1994, de 24 de març, de bases de delegació en el Govern per a l'adequació de les lleis de Catalunya a la Llei de règim jurídic de les administracions públiques i del procediment administratiu comú, delega en el Govern de la Generalitat perquè dicti normes amb rang de llei per tal d'adequar la Llei 14/1987, de 9 de juliol, d'estadística, a la Llei 30/1992, de 26 de novembre, de règim jurídic de les administracions públiques i del procediment administratiu comú.

En l'exercici de l'esmentada delegació, dins el termini que finalitza el 27 d'agost de 1994, d'acord amb els principis i criteris que regeixen la Llei 30/1992, de 26 de novembre, als quals ha de cenyir-se l'elaboració dels decrets legislatius corresponents, es modifica la Llei 14/1987, de 9 de juliol, d'estadística.

Les modificacions que motiven aquest Decret legislatiu tenen com a finalitat l'adequació del règim sancionador previst a la Llei 14/1987, de 9 de juliol, d'estadística, als principis i normes de l'esmentada Llei 30/1992, de 26 de novembre.

En virtut de tot el que s'ha exposat, en l'exercici de la delegació esmentada per la Llei 2/1994, de 24 de març, a proposta del conseller d'Economia i Finances, de conformitat amb el dictamen emès per la Comissió Jurídica Assessora i amb la deliberació prèvia del Govern.

Article únic

Es modifiquen els articles 39, 40, 41 i 43 de la Llei 14/1987, de 9 de juliol, d'estadística, en els termes que s'estableixen a continuació:

a) Se suprimeix l'apartat j) de l'article 39.

b) S'afegeix a l'article 39 un apartat 2, amb la redacció següent:

«Article 39.

»—2 Tipus d'infraccions:

»1 Es consideren infraccions lleus les tipificades a les lletres b), g) i h) de l'article 39.

»2 Es consideren infraccions greus les tipificades a les lletres a), c), d) i i).

»3 Es consideren infraccions molt greus les tipificades a les lletres e) i f).»

c) L'article 40 queda redactat de la forma següent:

«Article 40.

»—1 Les infraccions lleus són sancionables amb una multa de cinc mil fins a cent mil pessetes.

»—2 Les infraccions greus són sancionables amb una multa de cent mil una fins a cinc-centes mil pessetes.

»—3 Les infraccions molt greus són sancionables amb una multa de cinc-centes mil una fins a dos milions de pessetes.

»—4 Per atendre a la graduació de la sanció s'ha de tenir en compte la intencionalitat o la reiteració, la naturalesa del perjudici causat i la reincidència.

»—5 La reincidència es produeix quan no ha transcorregut un any des de la imposició d'una sanció pel mateix concepte, encara que hagi estat aplicada per raó d'una altra estadística».

d) Els apartats 1, 2 i 4 de l'article 41 queden redactats de la forma següent:

«Article 41.

»—1 L'òrgan actuant en la fase instructora de l'expedient sancionador és l'Institut d'estadística de Catalunya. El director de l'Institut d'estadística de Catalunya designarà un funcionari adscrit a l'Institut com a instructor de l'expedient, i si és el cas, un altre com a secretari.

»—2 L'exercici de la potestat sancionadora i la imposició de les sancions correspon al conseller d'Economia i Finances.

»—4 Les infraccions molt greus prescriuen als tres anys, les greus als dos anys i les lleus als sis mesos, les sancions imposades per infraccions molt greus prescriuran als tres anys, les imposades per infraccions greus als dos anys i per les lleus a l'any.

»El termini de prescripció de les infraccions començarà a comptar des del dia en què es va cometre la infracció o des d'aquell en què, per incompliment del termini de requeriment que es faci reclamant les estadístiques fetes, es va cometre la infracció, i en les sancions, a partir del dia següent a aquell en què sigui ferma la resolució que la va imposar.

»La prescripció, en el cas de les infraccions, s'interromp per l'inici amb coneixement formal de l'interessat del procediment sancionador, reprenent-se el termini de prescripció si l'expedient es paralitza, per més d'un mes, per causa no imputable a l'infractor.

»La prescripció de les sancions s'interromp per l'inici amb coneixement formal de l'interessat del procediment d'execució, reprenent-se el termini de prescripció si s'ha paralítzat l'expedient, per més d'un mes, per causa no imputable a l'infractor.»

e) S'afegeix a l'article 41 un apartat 5, amb la redacció següent:

«Article 41

»—5 Les resolucions sancionadores dictades pel conseller d'Economia i Finances i pels òrgans als quals es refereix l'apartat 3 d'aquest article posen fi a la via administrativa, i queda oberta la interposició de recurs davant la jurisdicció contenciosa administrativa, prèvia comunicació als esmentats òrgans».

f) S'afegeix a l'article 43 un apartat 2 amb la redacció següent:

«Article 43

»—2 Si el fet ha estat objecte de sanció penal o administrativa i s'aprecia identitat del subjecte, fet i fonamentat, no podrà ésser objecte del procediment sancionador al qual es refereix el present capítol IV».

DISPOSICIÓ FINAL

Aquest Decret legislatiu entrarà en vigor l'endemà de la seva publicació al DOGC.

¶ 27 Llei 8/1987, municipal i de règim local de Catalunya

Modificació dels art. 302 i 308 per la Llei 9/1994, de 29 de juny, de reforma de la legislació relativa a la funció pública de la Generalitat de Catalunya, que disposa :

—2 Es deroguen l'article 302.3 i el darrer incís de l'article 308.3 de la Llei 8/1987, del 15 d'abril, municipal i de règim local de Catalunya.

Modificació dels art. 61, 65, 66, 69, 70, 80, 120, 142, 143, 153, 222, 225, 236, 237, 242 i 299 pel Decret legislatiu 13/1994, de 26 de juliol, pel qual s'aprova l'adequació a la LLei 30/1992 de les lleis que afecten el Departament de Governació en matèria de règim local, joc, espectacles, activitats recreatives i el règim de recursos dels seus organismes autònoms, que disposa :

Article 4
Municipal i règim local

Es modifiquen els articles 61.2, 65.6, 66.3, 69.5, 70.2, 80.3, 120.1, 142, 143.4, 153.2, 153.3, 222.3, 225, 236.3, 237, 242, 299, de la Llei 8/1987, de 15 d'abril, municipal i de règim local de Catalunya.

L'article 61.2 queda redactat de la forma següent:

«2 Per tal de garantir el principi d'unitat de govern i de gestió del municipi:

»a) L'exercici de les facultats de gestió i execució correspon, en tot cas, al regidor-president, d'acord amb les decisions adoptades per l'òrgan de participació.

»b) S'han d'establir els sistemes de revisió i control dels actes i els acords adoptats pels òrgans de participació.

»c) Els òrgans desconcentrats han d'exercir llurs funcions d'acord amb els programes i les directrius establerts pel ple.

»d) Els actes dels òrgans de participació territorial es poden impugnar davant l'òrgan corresponent de l'ajuntament mitjançant el recurs ordinari».

L'article 65.6 queda redactat de la forma següent:

«6 La resolució del Govern de la Generalitat ha de determinar necessàriament:

»a) L'administració que ha d'assumir el servei.

»b) Les aportacions econòmiques municipals per cobrir la totalitat del cost del servei, quan la dispensa és deguda a causes tècniques, o per cobrir-ne parcialment el cost, quan és per raons de naturalesa econòmica.

»La resolució del Govern s'ha de produir en el termini de tres mesos des de la tramesa de l'expedient. La manca de resolució dins d'aquest termini produeix efectes desestimatoris».

L'article 66.3 queda redactat de la següent forma:

«3 L'aplicació del que estableix l'apartat 2 requereix l'aprovació del Govern de la Generalitat a proposta de la comarca corresponent i que el municipi interessat no s'hi oposi en el tràmit de consulta prèvia que se li atorgui pel termini d'un mes.

»Si el Govern de la Generalitat no resol en el termini dels tres mesos següents a la tramesa de la sol·licitud per la comarca, la proposta s'entendrà aprovada».

L'article 69.5 queda redactat de la forma següent:

«5 El Departament de Governació ha de portar un registre en el qual s'han d'inscriure, d'ofici o a iniciativa municipal, amb informe previ de la Comissió de Delimitació Territorial i de la Comissió Jurídica Assessora, els municipis de règim especial.

»El termini del procediment per a la inscripció, inclosos els informes previs, és de tres mesos a comptar des de la sol·licitud, si s'escau, i el sentit de l'acte presumpte és estimatori».

L'article 70.2 queda redactat de la forma següent:

«2.2 Poden també funcionar amb aquest règim especial els municipis de menys de doscents cinquanta habitants que gaudeixen d'aprofitaments comunals de rendiment, igual o superior a la quarta part dels ingressos ordinaris del seu pressupost, o que tenen característiques especials que ho fan aconsellable. La constitució del consell obert requereix, en aquests casos, la petició de la majoria dels veïns, la decisió favorable per majoria de dos terços dels membres de l'ajuntament i l'aprovació del Govern de la Generalitat.

»L'acord de l'ajuntament ha d'adoptar-se en el termini de dos mesos des de la petició dels veïns. El Govern ha de resoldre el procediment en el termini de tres mesos des de la tramesa de l'acord municipal, i la manca de resolució expressa en aquest termini produeix efectes estimatoris de la petició».

L'article 80.3 queda redactat de la forma següent:

«3 Les entitats municipals descentralitzades, en l'àmbit de llurs atribucions, tenen plena autonomia per a l'administració del nucli de població. No obstant això, els acords sobre disposició de béns, operacions de crèdit i expropiació forçosa han de ser ratificats per l'ajuntament en el termini de dos mesos a comptar des de la tramesa. La manca de l'acord municipal dins d'aquest termini produeix efectes estimatoris».

L'article 120.1 queda redactat de la forma següent:

«1 El Departament de Governació ha de portar un registre especial en el qual s'han d'inscriure les associacions d'àmbit territorial català.

»La inscripció de les associacions s'ha d'efectuar en el termini de vint dies a comptar des de la sol·licitud, transcorregut el qual sense resolució expressa s'entenen inscrites».

L'article 142 queda redactat de la forma següent:

«1 Els ciutadans poden exercir el dret de petició davant les autoritats locals sol·licitant l'adopció d'actes o acords en matèria de llur competència.

»2 Les peticions s'han de formalitzar sempre per escrit.

»3 Els requisits i la tramitació de les peticions s'han d'ajustar al que disposa la legislació que desplega l'article 29 de la Constitució i, si s'escau, la de procediment administratiu.

»4 Si l'administració no resol en el termini de tres mesos, la petició s'entén desestimada».

L'article 143.4 queda redactat de la forma següent:

«4 Sens perjudici del Registre general d'associacions de la Generalitat, els municipis han d'establir un registre propi a l'efecte del que disposa aquest article, en el qual s'han d'inscriure les associacions en el termini de vint dies des de la petició, transcorregut el qual sense resolució expressa s'entenen inscrites».

L'article 153, apartats 2 i 3, queda redactat de la forma següent:

«2 A aquest efecte, s'instruirà un expedient sancionador d'acord amb el procediment legalment previst, en el qual s'ha de garantir l'audiència del membre de la corporació per tal que pugui formular al·legacions.

»La resolució adoptada pel president de la corporació ha de determinar la quantia o la durada de la sanció, dins dels límits assenyalats en l'apartat 1.

»3 El president de la corporació, amb l'autorització prèvia del ple i la instrucció de l'expedient sancionador corresponent, amb l'audiència de l'interessat, pot privar també del dret a percebre les retribucions o les assignacions econòmiques, en cas d'incompliment reiterat dels deures que corresponen als membres de les corporacions locals, segons la legislació de règim local i, si escau, el reglament orgànic de la corporació».

L'article 222.3 queda redactat de la forma següent:

«3 Per atorgar les autoritzacions s'han de respectar, en tots els casos, els principis de lliure concurrència i d'igualtat. L'autorització s'ha de resoldre en el termini de tres mesos des de la sol·licitud, i la manca de resolució dins d'aquest termini produeix efectes desestimatoris».

L'article 225 queda redactat de la forma següent:

«1 En l'atorgament de les subvencions s'han de tenir en compte, si s'escau, els criteris, les directrius i les prioritats que estableixen els plans sectorials de coordinació, sens perjudici de l'autonomia local per a l'exercici de les seves competències.

»2 El procediment de concessió de les subvencions s'ha de resoldre en el termini de tres mesos i la manca de resolució dins d'aquest termini produeix efectes desestimatoris».

L'article 236.3 queda redactat de la forma següent:

«3 La gestió directa per l'ens local es pot fer també per mitjà d'una organització especial, amb un consell d'administració i una gerència. En aquest cas, s'ha d'obrir una secció pròpia amb el pressupost de l'ens local i s'ha de portar també una comptabilitat especial. Els actes del consell són impugnables davant l'òrgan corresponent de l'ens local, mitjançant recurs ordinari».

L'article 237 queda redactat de la forma següent:

«1 Per a la gestió directa dels serveis es poden constituir organismes autònoms que tenen personalitat jurídica pública. La constitució requereix la dotació d'un patrimoni independent i comporta la imputació a l'organisme autònom de drets i obligacions pròpies.

»2 L'organisme autònom pot tenir caràcter administratiu o caràcter industrial, comercial, financer o anàleg.

»3 Correspon a l'organisme autònom, en règim de descentralització, l'organització i l'administració del servei públic, sens perjudici de les facultats locals de tutela.

»4 Els actes dels organismes autònoms es poden impugnar davant l'òrgan corresponent de l'ens local, mitjançant recurs ordinari».

L'article 242 queda redactat de la forma següent:

«1 La concessió de servei públic s'atorga mitjançant licitació. A la licitació s'han de determinar els criteris d'adjudicació, entre els quals han de figurar necessàriament els millors avantatges que se'n desprenen per als usuaris del servei.

»2 L'ens local no pot renunciar a la fiscalització del servei, llurs modificacions, al rescat, al segrest o a la declaració de caducitat.

»3 En tots els casos, l'ens local ha de garantir l'equilibri econòmic de la concessió.

»4 Les clàusules de la concessió han de contenir les prescripcions determinades per reglament i han d'establir la reversió dels béns locals, i també dels béns adquirits pels concessionaris, que estiguin amortitzats al final de la concessió.

»5 Els actes del concessionari són impugnables davant l'òrgan corresponent de l'ens local mitjançant recurs ordinari».

L'article 299.7 queda redactat de la forma següent:

«7 Els actes del tribunal poden ser impugnats davant l'òrgan convocant mitjançant recurs ordinari».

¶ 28 Decret 140/1988, de 24 de maig, pel qual s'aprova el Reglament de demarcació territorial i població dels ens locals de Catalunya

Modificació dels art. 22, 25, 39, 45, 81, 99, 109, 118 i 130 pel Decret 144/1994, de 14 de juny, pel qual es regulen i d'adeqüen, d'acord amb la Llei 30/1992, de 26 de novembre, els procediments reglamentaris que afecten les matèries de règim local, joc, espectacles, activitats recreatives, policia autonòmica i local i personal al servei de la Generalitat, que disposa :

Secció 2
Decret 140/1988, de 24 de maig, pel qual s'aprova el Reglament de demarcació territorial i població dels ens locals de Catalunya

Article 24

S'afegeix un paràgraf a l'article 22.3, amb el contingut següent:

«En aquest supòsit, el termini per instruir i resoldre l'expedient serà de dotze mesos a comptar des que el Departament de Governació es faci càrrec de la instrucció. La manca de resolució expressa en l'esmentat termini produirà efectes desestimatoris de la sol·licitud».
(Supòsit 19.)

Article 25

S'afegeix un apartat a l'article 25, amb el contingut següent:

«25.4 La resolució definitiva de l'expedient s'ha de produir en el termini de sis mesos, a comptar de la seva recepció en el Departament de Governació. La manca de resolució expressa dins d'aquest termini produirà efectes desestimatoris de la sol·licitud».
(Supòsit 20.)

Article 26

Es modifica l'apartat 1 i s'afegeix un nou apartat 3 a l'article 39, amb els continguts següents:

«39.1 En el cas que tots els acords siguin favorables a la delimitació proposada en l'acta, el Departament de Governació ha de procedir a la seva publicació del *Diari Oficial de la Generalitat de Catalunya* i la delimitació s'ha d'incloure en el mapa municipal corresponent. Aquests actes s'han d'efectuar en el termini d'un mes des de la recepció dels acords».

»39.3 La manca de resolució en el termini esmentat en l'apartat anterior produeix efectes estimatoris de la delimitació proposada, sempre que siguin favorables els informes de la Comissió de Delimitació Territorial i de la Comissió Jurídica Assessora. En cas contrari, s'entendrà desestimada.»

(Supòsit 21.)

Article 27

Es modifica l'article 45, amb el contingut següent:

«Un cop complerts els tràmits anteriors, el Departament de Governació sotmetrà l'expedient al Consell Executiu per a la seva resolució, la qual s'ha de produir en el termini de sis mesos a comptar de l'inici de l'expedient. Transcorregut l'esmentat termini sense que s'hagi dictat la resolució, es considera caducat el procediment i es procedirà a arxivar les actuacions en el termini de 30 dies des de l'acabament d'aquell».

(Supòsit 22.)

Article 28

El contingut de l'article 81 passa a ser l'apartat 1 i s'afegeix un apartat nou a l'article esmentat, amb el contingut següent:

«81.2 La manca de resolució expressa en el termini esmentat produeix efectes estimatoris de la sol·licitud, llevat que l'acord de l'Ajuntament o alguns dels esmentats informes siguin desfavorables, cas en el qual es deriven efectes desestimatoris».

(Supòsit 23.)

Article 29

Es modifica l'apartat 2 i s'addiciona un nou apartat 4 a l'article 99, *amb el contingut següent*:

«99.2 Quan el Departament de Governació formuli observacions de legalitat al projecte d'estatuts, l'assemblea constituent les ha de considerar i resoldre motivadament abans de procedir al tràmit que preveu l'apartat següent. Si dins el termini esmentat a l'apartat anterior el Departament de Governació no ha formulat observacions als estatuts, se seguirà la tramitació de l'expedient».

«99.4 El termini màxim entre l'inici del procediment i la constitució de la mancomunitat i l'aprovació dels estatuts és de sis mesos a comptar de la data en què els municipis hagin adoptat el darrer acord d'inici per promoure la constitució de la mancomunitat. Transocrregut l'esmentat termini sense haver-se constituït la mancomunitat i aprovat els estatuts, es considera caducat el procediment amb l'arxiu de les actuacions dins dels 30 dies a comptar de l'acabament d'aquell termini».

(Supòsit 24.)

Article 30

Es modifica l'article 109.1:

«109.1 La instrucció de l'expedient correspon a la Direcció General d'Administració Local i la seva resolució al conseller de Governació, el qual l'ha de resoldre en el termini de tres mesos, a comptar de l'inici de la instrucció.

»En el supòsit d'iniciativa municipal, la manca de resolució expressa pel conseller de Governació en el termini abans esmentat té efectes estimatoris de la sol·licitud.

»En el cas d'inici d'ofici pel Departament de Governació, transcorregut l'esmentat termini sense que s'hagi dictat la resolució expressa, es considera caducat el procediment i es procedirà a l'arxiu de les actuacions en el termini de 30 dies a comptar de l'acabament d'aquell termini».

(Supòsit 25.)

Article 31

Es modifiquen els apartats 1 i 2 de l'article 118, amb el contingut següent:

«118.1 La Direcció General d'Administració Local, en el termini de 30 dies comptats a partir de la recepció de la sol·licitud, ha de procedir a dictar una resolució inscrivint l'entitat local corresponent. En el cas que s'apreciï la manca o la insuficiència d'alguna de les dades o requisits a què fan referència els articles 115 i 116, en el mateix termini la Direcció General d'Administració Local ha de comunicar a l'entitat local sol·licitant de la inscripció que té un termini de 30 dies a partir de la recepció de la comunicació indicada per esmenar els errors. Transcorregut aquest termini sense que l'ajuntament hagi esmenat els errors, s'entén caducat el procediment.

»118.2 Rebudes les esmenes, si s'escau, i transcorregut el termini de 30 dies de què disposa la Direcció General d'Administració Local sense que n'hagi dictat resolució, l'entitat local es considera inscrita a tots els efectes».

(Supòsit 26.)

Article 32

Es modifiquen els apartats a) i b) de l'article 130.1, amb el contingut següent:

«a) Sol·licitar la baixa de l'ajuntament en el qual estigui empadronat com a resident. La sol·licitud s'ha de formular en l'imprès oficial que s'estableixi, i s'ha de consignar sempre el nom del municipi on es vagi a residir. Rebuda la sol·licitud per l'ajuntament, s'acordarà la baixa en el padró municipal i s'expedirà un certificat que es lliurarà al sol·licitant, on constarà el nom del nou municipi elegit. Aquests actes s'han de produir en el termini de quinze dies i transcorregut aquest termini sense que s'hagi expedit el certificat, s'entendrà atorgada la baixa.

»b) Sol·licitar l'alta com a resident en el nou municipi en el termini de 30 dies comptats a partir de la data en què s'atorgui la baixa en el municipi de procedència. Caldrà adjuntar a la sol·licitud el certificat de baixa esmentat a l'apartat a) d'aquest article. La resolució s'ha de dictar en el termini de quinze dies i transcorregut aquest termini sense que s'hagi resolt la sol·licitud s'entendrà atorgada l'alta».

(Supòsit 27.)

¶ 29 Decret 336/1988, de 17 d'octubre, pel qual s'aprova el Reglament de patrimoni dels ens locals

Modificació dels art. 22, 25, 30, 40, 43, 56, 57, 59, 79, 94, 148, 174, 175, 177 i 178 pel Decret 144/1994, de 14 de juny, pel qual es regulen i d'adeqüen, d'acord amb la Llei 30/1992, de 26 de novembre, els procediments reglamentaris que afecten les matèries de règim local, joc, espectacles, activitats recreatives, policia autonòmica i local i personal al servei de la Generalitat, que disposa:

Secció V
Decret 336/1988, de 17 d'octubre, pel qual s'aprova el Reglament del patrimoni dels ens locals

Article 35

Es modifica l'article 22, amb el contingut següent:

«Els béns comunals que per la seva naturalesa intrínseca o per altres causes no han estat objecte d'aprofitament d'aquesta índole per un temps superior a 10 anys, encara que en algun d'ells s'hagi produït un acte aïllat d'aprofitament, poden ser desproveïts del seu caràcter comunal, mitjançant un acord de l'entitat local respectiva. Aquest acord requereix, amb la informació pública prèvia de 20 dies, el vot favorable de la majoria absoluta del nombre legal de membres i l'aprovació posterior del Govern de la Generalitat, en el termini de tres mesos, transcorregut el qual sense resolució expressa, s'entén produïda amb efectes estimatoris».
(Supòsit 30.)

Article 36

Es modifica l'article 25.1, amb el contingut següent:

«25.1 Els ens locals poden recuperar la plena titularitat dels seus edificis cedits en ús a la Generalitat per a activitats escolars quan aquests deixin de complir la seva funció escolar, amb l'autorització prèvia del Departament d'Ensenyament, la qual cosa porta implícita la desafectació. El tràmit de l'autorització s'ha de produir en el termini de tres mesos, transcorregut el qual sense resolució s'entén concedida».
(Supòsit 31.)

Article 37

Es modifica l'article 30.1.a), amb el contingut següent:

«a) El compliment de les normes sobre contractació dels ens locals. No obstant això, amb l'informe previ del Departament de Governació que s'ha d'emetre en el termini màxim de 30 dies, es pot procedir a l'adquisició directa quan ho requereixin les peculiaritats dels béns, les necessitats del servei a satisfer o les limitacions del mercat immobiliari. També es pot procedir a l'adquisició directa en supòsits d'urgència extrema. Si l'informe no s'emet dins l'esmentat termini es poden prosseguir les actuacions».
(Supòsit 32.)

Article 38

Es modifica l'article 40.1.c), en el sentit següent:

«c) En el cas de béns immobles, cal l'informe previ del Departament de Governació si el seu valor excedeix el 25% dels recursos ordinaris del pressupost consolidat de la corporació. L'informe s'ha d'emetre en el termini màxim de 30 dies, transcorregut el qual sense haver-se emès es poden prosseguir les actuacions. Si l'informe no és favorable, el Ple ha d'adoptar l'acord d'alienació o de gravamen amb el vot favorable de les dues terceres parts del nombre de fet i, en tot cas, de la majoria absoluta del nombre legal de membres de la corporació. No obstant això, a l'efecte de control de legalitat de l'alienació de béns immobles, el valor dels quals no excedeix del 25% indicat, se n'ha de donar compte també al Departament de Governació, una vegada instruït l'expedient, abans de la resolució definitiva».

(Supòsit 33.)

Article 39

Es modifica l'article 43, que resta redactat de la manera següent:

«El tràmit de subhasta no és necessari en el cas de béns mobles o en cas excepcional en què es pot procedir a l'alienació directa quan ho requereixin les peculiaritats dels béns, les necessitats del servei a satisfer o les limitacions del mercat immobiliari, amb l'informe previ del Departament de Governació, que ha d'emetre en el termini de 30 dies, transcorregut el qual sense resolució es poden prosseguir les actuacions. També es pot procedir a l'alienació directa en supòsits d'urgència extrema».

(Supòsit 34.)

Article 40

Es modifica l'article 56.3, amb el contingut següent:

«56.3 L'ús comú especial es pot subjectar a la llicència d'acord amb la naturalesa del bé, els actes d'afectació d'obertura a l'ús públic i les disposicions generals. La llicència s'ha d'entendre sens perjudici de tercers i essencialment revocable per raons d'interès públic i amb dret a indemnització, si s'escau. La sol·licitud de la llicència s'ha de resoldre en el termini de dos mesos des de la petició, i si no es resol dins aquest termini s'entén desestimada».

(Supòsit 35.)

Article 41

Es modifica l'article 57.2, amb el contingut següent:

«57.2 L'ús privatiu que no comporta la transformació o la modificació del domini públic resta subjecte a l'atorgament d'una llicència d'ocupació temporal que origina una situació de possessió precària essencialment revocable per raons d'interès públic i amb dret a indemnització, si s'escau. La sol·licitud de la llicència s'ha de resoldre en el termini de dos mesos a comptar de la petició, transcorregut el qual sense que s'hagi resolt expressament s'entén desestimada».

(Supòsit 36.)

Article 42

Es modifica l'article 59, amb el contingut següent:

«L'ús privatiu inherent a l'afectació dels béns i el que comporta la transformació o la modificació del domini públic resten subjectes a concessió administrativa, la petició de la qual s'ha de resoldre en el termini de sis mesos, i la manca de resolució produeix efectes desestimatoris».
(Supòsit 37).

Article 43

Es modifica l'article 79.2, amb el contingut següent:

«79.2 Excepcionalment, quan no sigui possible l'aprofitament amb la forma que determina l'article 79.1, els béns comunals es poden arrendar o cedir en ús. En aquest cas, l'adjudicació s'ha de fer per subhasta pública, amb l'informe previ del Departament de Governació, que l'ha d'emetre en el termini màxim de 30 dies. Si l'informe no s'emet en l'esmentat termini es poden prosseguir les actuacions».
(Supòsit 38.)

Article 44

S'afegeix un nou apartat 3 a l'article 94, amb el contingut següent:

«94.3 Els organismes i les persones assenyalats en els apartats anteriors responen davant l'ens local respectiu pels danys o perjudicis causats als seus béns o drets quan hagués concorregut dol, culpa o negligència greu, en els termes previstos enl'article 174 d'aquest Reglament».

Article 45

Es modifica l'article 148.2, que resta redactat de la forma següent:

«148.2 Quan els interessats en el procediment siguin desconeguts, s'ignori el lloc de la notificació o intentada aquesta no s'hagi pogut practicar, la notificació es farà mitjançant anuncis al tauler d'anuncis de l'ajuntament de l'últim domicili d'aquells i al BOP. L'inici del tràmit d'audiència a què té dret l'interessat s'ha de comptar a partir de la data de publicació de l'edicte».

Article 46

Es modifica l'article 174 que passa a tenir el contingut següent:

«174.1 Les autoritats i el personal al servei dels ens locals, com també les persones que, per qualsevol títol, tinguin al seu càrrec la gestió dels béns o els drets d'aquells ens, són obligats a la custòdia, conservació i aprofitament, segons els casos, i responen directament davant la corporació respectiva dels danys i els perjudicis esdevinguts per la seva pèrdua o detriment, en cas de dol, culpa o negligència greu.

»174.2 Els ens locals han d'acordar unilateralment la indemnització que procedeixi pels danys i perjudicis causats als seus béns i drets per les persones esmentades a l'apartat 1 d'aquest article, mitjançant l'exercici de l'acció d'ofici enfront de l'agent culpable, sens perjudici de les sancions disciplinàries que es puguin imposar, o de passar el tant de culpa, si procedeix, als tribunals competents.

»174.3 Per a l'exigència de responsabilitat s'ha de seguir el vigent procediment administratiu en matèria de responsabilitat patrimonial, i s'han de ponderar, entre d'altres, els següents criteris: el resultat dels danys produïts, l'existència o no d'intencionalitat, la responsabilitat professional del personal al servei de l'Administració o la relació en la producció del resultat del dany.

»174.4 Per a la imposició de sancions, s'ha d'aplicar el règim disciplinari que regula el Reglament de personal al servei de les entitats locals o la normativa específica que correspongui pel personal vinculat a l'ens local per una relació contractual o qualsevol altra de subjecció especial».

Article 47

Es modifica l'article 175.2, que resta redactat de la forma següent:

«175.2 Per a la graduació de les sancions dins els límits que estableix l'apartat 1 d'aquest article s'han de tenir en compte els següents criteris:

»a) L'existència d'intencionalitat o reiteració.

»b) La naturalesa dels perjudicis causats.

»c) La reincidència per comissió en el termini d'un any de més d'una infracció de la mateixa naturalesa, quan això s'hagi declarat per resolució ferma».

Article 48

Es modifica l'article 177, que passa a tenir el contingut següent:

«Quan els fets a què fan referència els articles anteriors puguin constituir delicte o falta, l'ens local ho ha de posar en coneixement de la jurisdicció penal, i es deixarà en suspens la resolució definitiva del procediment administratiu fins que l'esmentada jurisdicció dicti sentència ferma o sobreseeixi les actuacions, llevat del que disposa l'article 146.2 de la Llei 30/1992, de 26 de novembre, de règim jurídic de les administracions públiques i del procediment administratiu comú, respecte del personal al servei dels ens locals».

Article 49

S'afegeix un nou article, que tindrà el núm. 178, amb el contingut següent:

«En tots els preceptes d'aquest Reglament que s'estableixi el tràmit d'informació pública, el termini d'aquest tràmit és de 20 dies».

(Supòsit 39.)

¶ 30 Decret 214/1990, de 10 de juliol, pel qual s'aprova el Reglament del personal al servei de les entitats locals

Modificació dels art. 52.1, 78, 80, 107, 111, 112, 118, 122, 129, 148, 189, 192, 205, 211, 221, 230, 237, 277 i 344 pel Decret 144/1994, de 14 de juny, pel qual es regulen i d'adeqüen, d'acord amb la Llei 30/1992, de 26 de novembre, els procediments reglamentaris que afecten les matèries de règim local, joc, espectacles, activitats recreatives, policia autonòmica i local i personal al servei de la Generalitat, que disposa:

Secció I

Decret 214/1990, de 10 de juliol, pel qual s'aprova el Reglament del personal al servei de les entitats locals

Article 5

Es modifica l'article 52.1, amb el contingut següent:

«52.1 Les dades del registre es poden facilitar o certificar a petició o per ordre del president de l'entitat o del responsable de la prefectura de personal, si s'escau, de l'autoritat judicial o interessat legitimat o a petició de l'interessat. La sol·licitud s'ha de resoldre en el termini de 10 dies». (Supòsit 1.)

Article 6

Es modifica l'article 78 amb el contingut següent:

«Un cop finalitzat el termini de presentació d'instàncies, el president de la corporació, o l'autoritat en qui hagi delegat, ha de dictar resolució en el termini màxim d'un mes i ha de declarar aprovada la llista d'admesos i d'exclosos. En l'esmentada resolució s'han d'indicar els llocs en què es troben exposades al públic les llistes completes certificades d'aspirants admesos i exclosos. En la dita resolució s'han de determinar el lloc, la data i l'hora de començament de les proves i l'ordre d'actuació dels aspirants.

»La publicació de l'esmentada resolució al *Diari Oficial de la Generalitat de Catalunya* ha de concedir un termini de deu dies per a subsanacions i possibles reclamacions. No obstant això, l'esmentada publicació pot ser substituïda per qualsevol dels sistemes de notificació o comunicació que estableix la Llei de règim jurídic de les administracions públiques i del procediment administratiu comú.

»Les al·legacions presentades han de ser resoltes en el termini de 30 dies següents a la finalització del termini per a la presentació. Transcorregut aquest termini sense que s'hagi dictat resolució, les al·legacions s'entenen desestimades».
(Supòsit 2.)

Article 7

S'afegeix un nou apartat a l'article 80, amb el contingut següent:

«80.4 La puntuació final de les proves selectives i la llista d'aprovats s'ha de publicar al tauler d'anuncis de l'ens local i contra el seu resultat es podrà interposar recurs ordinari davant el president de l'entitat en el termini i amb els efectes dels articles 114 al 117 de la Llei 30/1992, de 26 de novembre, sobre règim jurídic de les administracions públiques i del procediment administratiu comú».

Article 8

S'afegeix un apartat 3 a l'article 107, amb el contingut següent:

«107.3 Les peticions de permuta seran resoltes per cada entitat en el termini de dos mesos a comptar de la sol·licitud dels interessats. Transcorregut aquest termini sense que s'hagi dictat resolució, les peticions s'entenen desestimades».
(Supòsit 3.)

Article 9

Els paràgrafs de l'article 111 passen a ser l'apartat 1 i s'afegeix un apartat 2 a aquest article, amb el contingut següent:

«111.2 Quan la petició de trasllat sigui formulada per l'interessat, el president de l'entitat ha de resoldre en el termini de 30 dies des de la recepció de la petició. Transcorregut aquest termini sense que s'hagi dictat la resolució, la sol·licitud s'entén desestimada».

(Supòsit 4.)

Article 10

S'afegeixen tres nous apartats a l'article 112, amb el contingut següent:

«112.3 Els anuncis de la convocatòria s'han de trametre per a la publicació dins els 30 dies següents a la data d'adopció de l'acord aprovatori de les bases. Aquestes s'han de sotmetre a informació pública durant 20 dies a comptar de l'esmentada publicació per al seu examen i presentació d'al·legacions.

»112.4 Les al·legacions presentades han de ser resoltes en el termini de 30 dies següents a la finalització del termini per a la presentació. Si les al·legacions no es resolen en el termini expressat s'entenen desestimades».

(Supòsit 5.)

Article 11

El paràgraf de l'article 118 passa a ser l'apartat 1 i s'hi addicionen tres apartats, amb el contingut següent:

«118.2 Són aplicables als concursos a què es refereixen els articles anteriors les mateixes determinacions contingudes en l'article 78 d'aquest Reglament.

»118.3 Els concursos a què es refereixen els articles esmentats els ha de resoldre el Ple de la Corporació en el termini de tres mesos a comptar de la data de publicació de les bases de la convocatòria, a proposta de l'òrgan seleccionador, el qual ha de donar publicitat a la puntuació i proposta de resolució del concurs al tauler d'anuncis de l'entitat.

»118.4 Durant el termini de 20 dies següents a la publicació els interessats poden presentar al·legacions, que s'entendran desestimades si transcorren 30 dies des que foren presentades, sense que hagi recaigut resolució expressa».

(Supòsit 6).

Article 12

S'addiciona un nou apartat a l'article 122, amb el contingut següent:

«122.3 Quan l'assignació d'un altre lloc de treball sigui promoguda per l'interessat, el president de l'entitat ha de resoldre en el termini de 30 dies. Transcorregut aquest termini sense que s'hagi dictat resolució, la sol·licitud s'entén desestimada».

(Supòsit 7).

Article 13

S'addiciona un segon paràgraf a l'article 129, amb el contingut següent:

«Les sol·licituts que presenten els interessats referents a l'assignació de grau personal i les seves incidències han de ser resoltes pel president de l'entitat en el termini de 30 dies. Transcorregut aquest termini sense que s'hagi dictat resolució expressa l'interessat podrà considerar desestimada la petició».
(Supòsit 8.)

Article 14

S'afegeix un nou apartat a l'article 148, amb el contingut següent:

«148.4 Les peticions de permisos a què es refereix l'apartat 1.a) d'aquest article s'entenen concedides amb la comunicació de l'interessat al president de la corporació, sens perjudici de la justificació posterior del fet, dins el termini de cinc dies.

»Les peticions de permisos compresos als articles 149.3, 150.1 i 2 i als apartats 1.b), c) i d) d'aquest article s'han de resoldre en el termini de cinc dies, i si no es dicta resolució en aquest termini s'entenen estimades.

»Les peticions del permís a què es refereix l'apartat 2 d'aquest article i de les restants llicències han de ser resoltes en el termini de deu dies. La manca de resolució expressa dins aquest termini produeix efectes desestimatoris».
(Supòsit 9.)

Article 15

S'afegeix un paràgraf a l'article 189, amb el contingut següent:

«Les peticions de comissió de servei que promoguin els interessats han de ser resoltes en el termini de 30 dies. Si en l'expressat termini no es dicta resolució expressa, les peticions s'entenen desestimades.
(Supòsit 10.)

Article 16

S'afegeix un nou apartat a l'article 192, amb el contingut següent:

«192.3 Les peticions d'excedència voluntària que formulen els interessats han de ser resoltes pel president de l'entitat en el termini de 30 dies. Si en l'expressat termini no es dicta resolució expressa, les peticions s'entenen desestimades, a excepció del supòsit de l'article 197 d'aquest Reglament en què la manca de resolució produeix efectes estimatoris de la petició».
(Supòsit 11).

Article 17

S'afegeix un nou paràgraf a l'article 205, amb el contingut següent:

«Les peticions de reingrés han de ser resoltes pel president de l'entitat en el termini de 30 dies. Si en l'expressat termini no es dicta resolució expressa, la petició s'entén desestimada i confirmat el pas a la situació d'excedència forçosa».
(Supòsit 12.)

Article 18

El contingut de l'article 211 passa a ser l'apartat 1 i s'afegeixen dos apartats a aquest article, amb el contingut següent:

«211.2 Les peticions per passar a la situació de serveis especials han de ser resoltes pel president de l'entitat en el termini de deu dies. Si en l'expressat termini no es dicta resolució expressa, la petició s'entén estimada.

»211.3 També té efectes estimatoris la manca de resolució expressa de les peticions de reincorporació al servei actiu a què es refereix l'article 216 del Reglament, si el president de l'entitat no dicta la resolució en el termini de 30 dies següents a la recepció de la notificació de cessament en la situació de serveis especials».

(Supòsit 13.)

Article 19

Es modifica l'article 221, que queda redactat de la manera següent:

«La sol·licitud de reingrés s'ha de dirigir al president de l'entitat i ha de ser resolta per aquest en el termini de 30 dies. Si en l'esmentat termini no es dicta resolució expressa, la petició s'entén desestimada.»

(Supòsit 14.)

Article 20

S'afegeix un nou apartat a l'article 230, amb el contingut següent:

«230.6 La comunicació de la renúncia a la condició de funcionari i la sol·licitud de recuperació d'aquesta condició per la correlativa recuperació de la nacionalitat espanyola, les ha de resoldre el president de l'entitat en el termini de deu dies. Si en aquest termini no es dicta resolució expressa, la comunicació de la renúncia s'ha d'entendre acceptada i la sol·licitud de recuperació de la condició de funcionari s'ha de considerar desestimada».

(Supòsit 15.)

Article 21

El contingut de l'article 237 passa a ser l'apartat 1 i s'afegeix un apartat 2, amb el contingut següent:

«237.2 Els expedients sancionadors s'han de resoldre en el termini de sis mesos a comptar del seu inici. La no-resolució de l'expedient dins aquest termini, sempre que la demora no sigui imputable a l'interessat o a altres persones que hagin d'aportar documents necessaris per a la resolució, produeix la caducitat del procediment».

(Supòsit 16.)

Article 22

S'afegeixen dos apartats a l'article 277, amb el contingut següent:

«277.4 Els motius d'abstenció i recusació són els determinats als articles 28 i 29 de la Llei 30/1992, de 26 de novembre, de règim jurídic de les administracions públiques i del procediment administratiu comú.

»277.5 La manca de resolució expressa en el termini a què es refereix l'apartat 3 d'aquest article produeix efectes desestimatoris de la petició de recusació».
(Supòsit 17.)

Article 23

S'afegeix un nou paràgraf a l'article 344, amb el contingut següent:

«L'acord s'ha d'adoptar en el termini de dos mesos següents a la presentació de la sol·licitud. Transcorregut l'esmentat termini sense adoptar-se acord exprés, la sol·licitud s'entén desestimada».
(Supòsit 18).

¶ 32 Llei 6/1987, de 4 d'abril, sobre l'organització comarcal de Catalunya

Modificació de l'art. 31 pel Decret legislatiu 13/1994, de 26 de juliol, pel qual s'aprova l'adequació a la Llei 30/1992 de les lleis que afecten el Departament de Governació en matèria de règim local, joc, espectacles, activitats recreatives i el règim de recursos dels seus organismes autònoms, que disposa:

Article 3
Organització comarcal

Es modifica l'article 31.2 de la Llei 6/1987, de 4 d'abril, sobre l'organització comarcal de Catalunya, en els termes següents:

«2 La conversió de serveis mancomunats o consorciats en els quals estan interessats municipis pertanyents a una altra comarca no altera els termes de la relació associativa preexistent pel que fa als drets i les obligacions d'aquests municipis. En aquest cas, s'ha de donar audiència a les altres comarques afectades. Si en aquest tràmit no hi ha acord entre les entitats interessades sobre la utilització del servei, correspon a la persona titular del Departament de Governació dictar, en el termini de tres mesos, la resolució definitiva sobre la conversió del servei, la qual si no es produeix dins d'aquest termini s'entén emesa amb efectes desestimatoris. Aquesta resolució pot condicionar la conversió a la constitució de consorcis o a l'establiment de convenis entre les comarques afectades».

¶ 35 Llei 23/1987, de 23 de desembre, sobre el Pla únic d'obres i serveis de Catalunya

Modificació de l'art. 4 pel Decret legislatiu 13/1994, de 26 de juliol, pel qual s'aprova l'adequació a la Llei 30/1992 de les lleis que afecten el Departament de Governació en matèria de règim local, joc, espectacles, activitats recreatives i el règim de recursos dels seus organismes autònoms, que disposa:

Article 5
Pla únic d'obres i serveis de Catalunya

Es modifica l'article 4 de la Llei 23/1987, de 23 de desembre, per la qual s'estableixen els criteris de finançament del Pla únic d'obres i serveis de Catalunya i les bases per a la selecció, la distribució i el finançament de les obres i serveis a incloure-hi, afegint-hi un nou apartat.

«9 Les peticions per concórrer a la convocatòria del Pla s'han de tramitar i resoldre en els terminis que estableix la normativa específica. La no resolució expressa dins d'aquests terminis té efectes desestimatoris».

¶ 41 Llei 13/1982, de 17 de desembre, de col·legis professionals

Modificació de l'art. 19 i addició de l'art. 20 pel Decret legislatiu 12/1994, de 26 de juliol, pel qual d'adeqüen a la Llei 30/1992 la Llei 13/1982, de 17 de desembre, de col.legis professionals i la Llei 18/1990, de 15 de novembre, de creació del Centre d'Estudis Jurídics i Formació Especialitzada, que disposa:

Article 1

—1 Es modifica l'article 19 de la Llei 13/1982, de 17 de desembre, de col·legis professionals que queda redactat de la manera següent:

«Article 19

»—1 Els actes i resolucions dels col·legis professionals subjectes a dret administratiu són objecte de recurs mitjançant recurs ordinari davant l'òrgan superior jeràrquic que els va dictar segons els respectius estatuts, d'acord amb el que estableix la Llei 30/1992, de 26 de novembre, de règim jurídic de les administracions públiques i del procediment administratiu comú.

»—2 Contra les resolucions d'aquest recurs i també contra tots els altres actes i resolucions dels consells o col·legis únics en l'àmbit de Catalunya, subjectes al dret administratiu, que posin fi a la via administrativa, es podrà recórrer davant la jurisdicció contenciosa administrativa d'acord amb el que estableix la Llei reguladora d'aquesta jurisdicció.

»—3 El recurs extraordinari de revisió es pot interposar contra els actes administratius dels consells de col·legis, dels col·legis únics en l'àmbit de Catalunya, i també contra els actes dictats pels col·legis respecte dels quals no s'hagi interposat recurs dins de termini, d'acord amb els supòsits regulats en la Llei 30/1992, de 26 de novembre».

—2 S'afegeix un capítol 8 a la Llei 13/1982, de 17 de desembre, amb l'epígraf «actes presumptes», integrat per l'article 20, amb el text següent:

«Article 20

»El règim jurídic dels actes presumptes dels col·legis professionals es regirà pel que estableix la Llei 30/1992, de 26 de novembre».

¶ 46 Llei 10/1982, de 12 de juliol, de finances públiques de Catalunya

Derogació i substitució pel Decret legislatiu 9/1994, de 13 de juliol, pel qual s'aprova el text refós de la Llei de finances públiques de Catalunya, que diu:

La disposició final 4 de la Llei 3/1992, de 28 de desembre, de pressupostos de la Generalitat de Catalunya per al 1993, va autoritzar el Govern perquè, amb el dictamen previ de la Comissió Jurídica Assessora, refongués en un text únic la Llei 10/1982, de 12 de juliol, de finances públiques de Catalunya, i les disposicions legals vigents de caràcter permanent en matèria de gestió pressupostària contingudes en les lleis de pressupostos posteriors a l'entrada en vigor de l'esmentada Llei de finances públiques.

Mitjançant la disposició final 4 de la Llei 16/1993, de 28 de desembre, de pressupostos de la Generalitat de Catalunya per al 1994, va ser ampliada aquesta autorització per incloure en la refosa de la Llei de finances públiques de Catalunya les modificacions introduïdes de la Llei 4/1985, de 29 de març, de l'estatut de l'empresa pública catalana, per la Llei 2/1985, de 14 de gener, de l'Institut Català de Finances, i per la Llei 33/1991, de 24 de desembre, de taxes i preus públics de la Generalitat de Catalunya.

Així mateix, l'esmentada disposició final 4 estableix que la refosa ha d'incloure la regularització, l'aclariment i l'harmonització de les disposicions. En aquest sentit, el text refós adequa especialment les previsions de la Llei de finances respecte de les empreses públiques a la regulació de la Llei 4/1985, de l'estatut de l'empresa pública catalana.

Per tant, en exercici de la delegació esmentada, d'acord amb el dictamen emès de la Comissió Jurídica Assessora, i d'acord amb el Govern.

TEXT REFÓS DE LA LLEI DE FINANCES PÚBLIQUES DE CATALUNYA

CAPÍTOL I
Principis generals

Article 1

Les finances de la Generalitat de Catalunya són regulades per aquesta Llei i per les altres lleis que la despleguin. Les normes de la Llei de Pressupost constituiran l'execució de llurs preceptes, per a cada exercici pressupostari.

Article 2

—1 Integra la Hisenda de la Generalitat el conjunt dels ingressos i de les obligacions econòmico-financeres que li corresponguin.

—2 L'administració financera de la Generalitat està sotmesa al règim de pressupost anual i d'unitat de caixa, ha d'ésser intervinguda seguint les normes d'aquesta Llei i haurà de retre comptes a la Sindicatura de Comptes de Catalunya i al Tribunal de Comptes de l'Estat, d'acord amb les disposicions que regulin les funcions d'aquests organismes.

—3 Tots aquells que manegin els cabals públics seran responsables davant la Generalitat, en els termes legals, dels perjudicis que li puguin ocasionar.

Article 3

—1 Correspon a l'administració financera de la Generalitat el compliment de les obligacions econòmiques dels seus òrgans, entitats autònomes i empreses públiques mitjançant la gestió i l'aplicació dels seus recursos a aquelles finalitats i a l'ordenació d'allò que, en matèria de política econòmica i financera, sigui de la competència de la Generalitat.

—2 Correspondran, així mateix, a l'administració financera les funcions atribuïdes a la Generalitat en matèria de tutela financera sobre les corporacions locals de Catalunya i d'ordenació i control de les institucions financeres i de crèdit que operin en el territori català.

—3 Les Juntes de Finances de la Generalitat resoldran les reclamacions que es presentin respecte als tributs i exaccions pròpies i aquelles altres que la llei determini.

Article 4

—1 Les entitats autònomes de la Generalitat poden ésser de tipus administratiu o de tipus comercial, industrial o financer.

—2 Són empreses de la Generalitat, als efectes d'aquesta Llei, les societats civils o mercantils amb participació majoritària de la Generalitat, de les seves entitats autònomes o de les societats en què la Generalitat o les susdites entitats tenen també participació majoritària en llur capital social, així com aquelles entitats de dret públic sotmeses a la Generalitat, amb personalitat jurídica pròpia, que hagin d'ajustar llur activitat a l'ordenament jurídic privat.

—3 Són empreses vinculades, als efectes d'aquesta llei, les societats civils o mercantils que són gestores de serveis públics de què és titular la Generalitat o les que han subscrit convenis amb aquesta, i en les quals aquesta té la facultat de designar tots o una part dels òrgans de direcció o hi participa directament o indirectament, com a mínim, en un deu per cent del capital social.

—4 Les societats de la Generalitat es regiran per les normes de dret mercantil, civil o laboral, excepte en les matèries en què sigui d'aplicació la present Llei.

Article 5

Seran matèria de llei del Parlament de Catalunya les qüestions financeres següents:

a) El pressupost de la Generalitat i de les seves entitats autònomes i les seves modificacions a través de la concessió de crèdits extraordinaris i suplements de crèdit.

b) L'establiment, la modificació i la supressió dels tributs i recàrrecs.

c) L'emissió i la regulació del deute públic de la Generalitat i les seves entitats autònomes, la concertació d'operacions de crèdit i la prestació d'avals.

d) La pèrdua de la posició majoritària de la Generalitat i la dissolució de les societats en què tingui participació majoritària la Generalitat; les adquisicions a títol onerós de participacions en les societats civils i mercantils quan tinguin per objecte accions sense vot o bé quan la participació en el capital no es correspongui amb una congruent posició en les juntes o en la gestió de l'entitat.

e) Les grans operacions de caràcter econòmic i financer.

f) El règim general i especial en matèria financera de les entitats autònomes de la Generalitat.

g) El règim de patrimoni i de la contractació de la Generalitat.

h) Les altres matèries que, segons la llei, s'havien de regular d'aquesta manera.

Article 6

La Generalitat gaudirà, tant en allò que la referència a les seves prerrogatives com als seus beneficis fiscals, del mateix tractament que la llei estableix per a l'Estat. Les seves entitats autònomes gaudiran de les prerrogatives i els beneficis fiscals que les lleis estableixin.

CAPÍTOL II
Els ingressos

Article 7

La Hisenda de la Generalitat és constituïda pels ingressos següents:

—1 El rendiment dels impostos establerts per la Generalitat.

—2 El rendiment dels tributs que li cedeix l'Estat.

—3 Un percentatge de participació en la recaptació total de l'Estat pels impostos directes i indirectes, àdhuc els monopolis fiscals.

—4 El rendiment de les taxes de la Generalitat, ja siguin de creació pròpia, o bé a conseqüència de la transferència de serveis de l'Estat.

—5 Les contribucions especials que estableixi la Generalitat en l'exercici de les seves competències.

—6 Els recàrrecs sobre impostos estatals.

—7 Quan s'escaigui, els ingressos procedents del Fons de Compensació Interterritorial.

—8 Les altres assignacions amb càrrec als pressupostos generals de l'Estat.

—9 L'emissió de deute i el recurs al crèdit.

—10 Els rendiments del patrimoni de la Generalitat.

—11 Els ingressos de dret privat.

—12 Les multes i les sançions que imposi en l'àmbit de les seves competències.

—13 Els rendiments dels preus públics.

Article 8

Els ingressos de la Generalitat i de les entitats autònomes i empreses públiques que en depenen són destinats a satisfer el conjunt de les seves obligacions respectives, llevat que per llei s'estableixi l'afectació d'alguns recursos a finalitats determinades.

Article 9

L'administració dels ingressos de la hisenda de la Generalitat correspon al conseller d'Economia i Finances i la de les entitats autònomes a llurs presidents o directors, llevat que no tinguessin personalitat jurídica pròpia, en el qual cas l'administració correspondria també al conseller d'Economia i Finances.

Article 10

—1 Les persones o entitats que tinguin a llur càrrec l'administració dels ingressos de la Generalitat dependran del conseller d'Economia i Finances o de la corresponent entitat autònoma, pel que fa a la gestió, el lliurament o l'aplicació i al retiment dels comptes respectius.

—2 Estaran obligats a la prestació de fiança els funcionaris, les entitats o els particulars que menin o custodiïn fons o valors de naturalesa pública, en la quantia i la forma que les disposicions reglamentàries determinin.

—3 Els rendiments i els interessos atribuïbles al patrimoni i als cabals de la Generalitat, o de les entitats autònomes, per qualsevol concepte, seran íntegrament reflectits en un compte específic del pressupost respectiu. Es prohibeix l'adscripció o la distribució dels ròssecs del compte específic, d'acord amb el que estableix l'article 8 d'aquesta Llei.

Article 11

—1 La gestió, incloent-hi totes les fases del procediment, dels tributs propis de la Generalitat i dels impostos cedits, i, si s'escau, dels impostos de l'Estat recaptats a Catalunya i dels recàrrecs sobre impostos estatals, s'ajustarà a les disposicions de l'Estatut d'Autonomia, a les lleis del Parlament de Catalunya, als reglaments que aprovi el Govern i a les normes de desplegament que sigui autoritzat a dictar el conseller d'Economia i Finances, sens perjudici de l'aplicació de les disposicions de l'Estat en tots els casos en què sigui procedent. En el cas dels tributs cedits es tindrà en compte, a més, el que disposi la llei de cessió.

—2 Correspon al Govern, a proposta del conseller d'Economia i Finances, d'organitzar els serveis de gestió, recaptació, liquidació i inspecció tributàries en allò que pertoqui a la Generalitat.

Article 12

—1 No podran ésser alienats, gravats ni arrendats els drets de la hisenda de la Generalitat, llevat en els supòsits regulats per les lleis.

Tampoc no es concediran exempcions, condonacions, rebaixes ni moratòries en el pagament dels ingressos, llevat en els casos i en la forma que determinin les lleis.

—2 Tan sols per decret acordat pel Govern es podrà transigir i sotmetre a arbitratge en les conteses que sorgeixin sobre els drets de la hisenda de la Generalitat.

Article 13

—1 Per efectuar la recaptació dels tributs i dels altres ingressos de dret públic, l'administració financera de la Generalitat gaudirà de les prerrogatives legalment establertes i actuarà d'acord amb els procediments administratius corresponents.

—2 Les certificacions de descobert acreditatives de deutes tributaris i de preus públics, lliurades pels funcionaris competents segons els reglaments, seran títols suficients per a iniciar la via de constrenyiment i tindran la mateixa força executiva que la sentència judicial per a procedir contra els béns i els drets dels deutors.

—3 Els deutes de la Generalitat no podran ésser exigits pel procediment de constrenyiment.

Article 14

—1 Les quantitats degudes a la hisenda de la Generalitat pels conceptes contemplats en aquest capítol produiran interessos de demora des de l'endemà de llur venciment.

—2 L'interès de demora es determinarà aplicant el tipus bàsic del Banc d'Espanya vigent el dia en què venci el termini assenyalat en el paràgraf anterior, incrementat d'un 25%, llevat que la Llei de pressupost n'estableixi un de diferent.

Article 15

—1 Si les lleis reguladores dels diferents recursos financers no ho disposen altrament, els drets de la Generalitat al reconeixement i la liquidació dels crèdits a favor seu prescriuran quan compleixin cinc anys des de la data en què pogué exercitar-los. No podrà tampoc exigir-ne el cobrament passats cinc anys des del reconeixement o liquidació.

—2 Quedarà sense efecte la prescripció en curs i haurà de començar a comptar de nou si el deutor reconegués el deute o l'Administració de la Generalitat li n'exigís per escrit el pagament.

Capítol III
Endeutament

Article 16

L'endeutament de la Generalitat adoptarà, segons escaigui, una de les modalitats següents:

a) Operacions de crèdit en forma de préstecs concertats amb persones físiques o jurídiques.
b) Emissió d'emprèstits en forma de deute públic.
c) Emissió de deute de la Tresoreria.

Article 17

—1 Les operacions de crèdit que la Generalitat concerti amb persones físiques o jurídiques per un termini de reemborsament igual o inferior a un any tindran per objecte atendre necessitats transitòries de tresoreria. Si aquestes operacions de crèdit excedeixen el 5 per cent de l'Estat de Despeses del Pressupost de la Generalitat de l'any corrent, caldrà donar-ne compte al Parlament.

—2 La llei de pressupost autoritzarà el límit màxim d'aquestes operacions i en fixarà les característiques, però podrà delegar aquesta darrera potestat al Govern, el qual l'exercirà a proposta del conseller d'Economia i Finances.

Article 18

—1 Les operacions de crèdit que la Generalitat concerti amb persones físiques o jurídiques per un termini de reemborsament superior a un any hauran de complir els requisits següents:

a) L'import total del préstec serà destinat exclusivament a finançar despeses d'inversió.
b) La quantia de les anualitats, incloent-hi els interessos i les amortitzacions, no ultrapassarà el 25% dels ingressos corrents de la hisenda de la Generalitat previstos en el pressupost de cada any.

—2 Les característiques del préstec seran fixades en la Llei del pressupost o en les de suplement de crèdit o de crèdit extraordinari malgrat la seva possible delegació en el Govern.

Article 19

—1 La creació i, si s'escau, la conversió del deute públic de la Generalitat, així com de qualsevol altra apel·lació al crèdit públic, seran aprovades per llei del Parlament de Catalunya i autoritzades per l'Estat. El Parlament fixarà l'import, les característiques i la destinació a despeses d'inversió de l'emprèstit. Nogensmenys, si el Parlament no el determinés, el tipus d'interès serà establert pel Govern, a proposta del conseller d'Economia i Finances.

—2 Tanmateix, el Govern, a proposta del conseller d'Economia i Finances, podrà acordar la conversió de deute públic de la Generalitat per tal d'aconseguir-ne exclusivament una millor administració i sempre que no s'alteri cap condició essencial de les emissions ni es perjudiquin els drets econòmics dels tenidors.

—3 L'emissió de deute de la Tresoreria, amb termini de reemborsament igual o inferior a un any, es regirà per les normes de l'article 17 d'aquesta Llei.

Article 20

La concertació d'operacions de crèdit, quan els creditors siguin persones o entitats residents a l'estranger, necessitarà l'autorització de l'Estat.

Article 21

—1 Les entitats autònomes administratives de la Generalitat podran fer ús de l'endeutament en qualsevol modalitat.

—2 La Llei de Pressupost de la Generalitat, o, si s'escau, de Suplement de crèdit o de Crèdit Extraordinari, fixarà l'import de l'endeutament, així com les seves característiques i destinació, però podrà delegar aquestes darreres potestats en el Govern, que l'exercirà a proposta del conseller d'Economia i Finances i previ informe del conseller a qui pertoqui per raó de l'adscripció administrativa de l'entitat autònoma. L'ús fet de la delegació serà comunicat al Parlament.

Article 22

El producte de l'endeutament de tota mena s'ingressarà en la Tresoreria de la Generalitat i s'aplicarà sense cap excepció a l'estat d'ingressos del pressupost de la Generalitat o de l'organisme autònom administratiu. Nogensmenys, les operacions que vencin abans d'un any i que tinguin per finalitat cobrir necessitats transitòries de Tresoreria es comptabilitzaran en la comptabilitat de la Tresoreria. En tot cas, els interessos i les despeses de formalització que generin s'aplicaran al pressupost.

CAPÍTOL IV
Les obligacions

Article 23

—1 Les obligacions econòmiques de la Generalitat i de les entitats autònomes neixen de la Llei, dels negocis jurídics i dels actes i fets que, segons el dret, els generin.

—2 El pagament de les obligacions econòmiques de la Generalitat només serà exigible quan resulti de l'execució del pressupost, de sentència judicial ferma o d'operacions de tresoreria.

—3 Quan les obligacions econòmiques derivin de prestacions o de serveis a la Generalitat, llur pagament no es podrà realitzar mentre el creditor no haurà complert les obligacions correlatives.

Article 24

Les resolucions judicials que estableixin obligacions a càrrec de la Generalitat o de les entitats autònomes de caràcter administratiu de Catalunya es compliran puntualment. Si manqués en el pressupost el crèdit corresponent, se sol·licitarà del Parlament un suplement de crèdit o un crèdit extraordinari, dintre dels tres mesos següents a la notificació de la resolució.

Article 25

Si el pagament de les obligacions de la Generalitat no fos efectiu en el termini dels tres mesos següents a llur reconeixement o a la notificació de la resolució judicial, el creditor tindrà dret al cobrament d'interessos al tipus bàsic establert pel Banc d'Espanya vigent el dia de llur reconeixement, llevat que la Llei de pressupost n'estableixi un de diferent, des que reclami per escrit el compliment de l'obligació fins a la data del pagament.

Article 26

—1 El dret al reconeixement o liquidació de les obligacions i al pagament de les obligacions ja reconegudes o liquidades prescriurà al cap de cinc anys des del naixement de les obligacions o de llur reconeixement o liquidació, respectivament.

—2 L'exigència dels creditors legítims o llurs havent-drets mitjançant la presentació de documents justificatius de llur dret produirà el nou inici del termini de la prescripció.

—3 Les obligacions que prescriguin seran donades de baixa en els comptes respectius, prèvia tramitació de l'expedient que correspongui.

Capítol V

El Pressupost de la Generalitat

Secció primera

Contingut i aprovació

Article 27

—1 El Pressupost de la Generalitat de Catalunya constitueix l'expressió quantificada, conjunta i sistemàtica de les obligacions que, com a màxim, podran reconèixer la Generalitat i les entitats autònomes, i dels drets que podran liquidar-se durant l'exercici corresponent.

—2 El Pressupost de la Generalitat de Catalunya haurà d'aprovar-se equilibrat entre l'estat d'ingressos i l'estat de despeses.

Article 28

L'exercici pressupostari coincidirà amb l'any natural i hi seran imputats:

a) Els drets liquidats durant aquell any mateix, encara que procedeixin d'exercicis anteriors.

b) Les obligacions que siguin reconegudes fins al 31 de gener de l'any següent, corresponents a qualsevol mena de despeses efectuades abans d'acabar l'exercici pressupostari amb càrrec als crèdits respectius.

Article 29

—1 El Pressupost de la Generalitat inclourà la totalitat de les seves despeses i ingressos, així com els de les entitats autònomes i empreses públiques.

—2 Concretament, el Pressupost contindrà:

a) Els estats de despeses de la Generalitat i les seves entitats autònomes de caràcter administratiu, amb la deguda especificació dels crèdits necessaris per a atendre el compliment de les obligacions.

b) Els estats d'ingressos de la Generalitat i de llurs entitats autònomes de caràcter administratiu, que comprendran les estimacions dels diversos drets econòmics a reconèixer i liquidar durant l'exercici.

c) Els estats de recursos i dotacions, amb les corresponents estimacions i avaluació de necessitats per a l'exercici, tant d'explotació com de capital, de les entitats autònomes de caràcter comercial, industrial, financer o anàleg i de les empreses públiques.

Article 30

—1 El Pressupost de la Generalitat s'ajustarà, quant a estructura, a la normativa que amb caràcter general es disposi per al sector públic de l'Estat, i n'assumirà l'adequació el conseller d'Economia i Finances.

—2 L'estat de despeses reunirà la classificació orgànica, funcional i econòmica i per programes. S'hi inclourà la classificació territorial per àmbits comarcals i supracomarcals, quan escaigui, de les despeses d'inversió.

—3 Correspondrà al conseller d'Economia i Finances el desplegament de l'estructura pressupostària de les entitats autònomes i de les empreses públiques, prèvia proposta dels departaments als quals estiguin adscrites.

Article 31

El procediment d'elaboració del Pressupost de la Generalitat s'ajustarà a les normes següents:

—1 Els organismes superiors de la Generalitat i els seus departaments trametran al conseller d'Economia i Finances, abans de l'1 de maig de cada any, llurs avantprojectes dels estats de despeses, degudament ajustats a les lleis que siguin d'aplicació i a les directrius aprovades pel Govern a proposta de l'esmentat conseller. Així mateix, lliuraran els avantprojectes dels estats d'ingressos i de despeses, i, quan s'escaigui, de recursos i dotacions de les entitats autònomes i empreses públiques formant un sol avantprojecte per a cadascun, que comprengui totes les seves activitats.

—2 L'estat d'ingressos del Pressupost serà elaborat pel Departament d'Economia i Finances.

—3 El Departament d'Economia i Finances, tenint en compte els esmentats avantprojectes de despeses i l'estimació dels ingressos, formularà el Projecte de llei del Pressupost i el sotmetrà a l'acord del Govern.

—4 S'adjuntarà al Projecte de Llei de pressupost la documentació següent:

a) El compte consolidat dels projectes relatius a la Generalitat i a les seves entitats autònomes, distingint separadament les operacions corrents i les de capital, tenint en compte la distribució sectorial i territorial de les despeses d'inversió.

b) Una memòria explicativa.

c) Una memòria sobre els aspectes pressupostaris de la funció pública, la seva adequació a la plantilla orgànica vigent, el detall de les plantilles de totes les seccions i organismes autònoms i la seva política de contractació.

d) Una memòria explicativa dels criteris aplicats en les subvencions corrents i de capital.

e) La liquidació del pressupost de l'any anterior i un estat d'execució del vigent.

f) Una memòria justificativa assenyalant l'oportunitat dels arrendaments o de les compres d'immobles incloses en el pressupost.

g) Un informe econòmic i financer.

h) El pressupost classificat per programes, en tots els departaments.

Article 32

El Projecte de llei del pressupost de la Generalitat i la documentació annexa es remetran al Parlament de Catalunya abans del 10 d'octubre de cada any, per al seu examen, esmena i aprovació.

Article 33

Posat que l'1 de gener, per qualsevol motiu, no resultés aprovat el Pressupost, es considerarà prorrogat automàticament el de l'any anterior en els seus crèdits inicials fins a l'aprovació i la publicació dels nous en el *Diari Oficial de la Generalitat de Catalunya*. La pròrroga no afectarà els crèdits per a despeses corresponents a serveis o programes que finalitzin duran l'exercici del Pressupost prorrogat.

Article 34

—1 Els ingressos liquidats i les obligacions reconegudes s'aplicaran al Pressupost per llur import íntegre.

—2 Per als efectes d'aquest article, s'entendrà per import íntegre el que resulti després d'aplicar els beneficis tributaris procedents, que serà objecte de comptabilització independent.

—3 A més, l'import dels beneficis fiscals que afectin els tributs de la Generalitat s'articularà i detallarà de manera que sigui possible de consignar-lo en el Pressupost de la Generalitat.

Secció segona

Règim dels crèdits pressupostaris de la Generalitat i entitats autònomes de caràcter administratiu

Article 35

—1 Els crèdits per a despeses es destinaran a la finalitat exclusiva que en motiva la dotació.

—2 Els crèdits consignats als estats de despeses del pressupost tenen un abast limitatiu i, en conseqüència, no es podran adquirir compromisos en quantia superior a llurs imports.

—3 No obstant el que disposa l'apartat anterior, seran ampliables els crèdits que amb aquest caràcter especifiqui la Llei del Pressupost i, en tot cas, els crèdits concernents a les despeses de classes passives i els derivats de transferències de cabals afectats a serveis traspassats per l'Administració de l'Estat, a l'entrada en vigor de l'acord valorat de traspàs aprovat pel Consell de Ministres.

El caràcter ampliable d'un crèdit permetrà d'augmentar el seu import, previ compliment dels requisits que es determinaran per reglament, en funció de la recaptació efectiva dels drets afectats o del reconeixement d'obligacions específiques de l'exercici respectiu fet conformement a disposicions amb rang de llei.

—4 Les disposicions normatives amb rang inferior al de llei i els actes administratius que vulnerin el que estableixen els apartats anteriors seran nuls de ple dret, sens perjudici de les responsabilitats que corresponguin.

Article 36

—1 L'autorització de despeses amb un abast plurianual se subordinarà als crèdits que per a cada exercici consigni el Pressupost de la Generalitat.

—2 Aquestes despeses es podran efectuar solament si llur execució s'inicia durant l'exercici en què s'autoritzin i, a més a més, si tenen com a objecte finançar alguna de les atencions següents:

a) Inversions reals i transferències de capital.

b) Contractes de subministrament, d'assistència tècnica i científica i d'arrendament d'equips i serveis, sempre que el termini d'un any no resulti avantatjós per a la Generalitat.

c) Arrendament de béns immobles a utilitzar per la Generalitat o pels organismes, institucions o empreses que en depenguin.

d) Càrregues derivades de l'endeutament.

—3 El nombre d'exercicis als quals es podran aplicar les despeses esmentades als paràgrafs lletres a) i b) de l'apartat anterior no serà superior a quatre. Així mateix, la part de despesa corresponent als exercicis futurs i l'ampliació, quan s'escaigui, del nombre d'anualitats serà determinada pel Govern, a proposta del conseller d'Economia i Finances.

—4 Els compromisos esmentats en el paràgraf segon d'aquest article seran objecte de comptabilització independent.

Article 37

—1 Els crèdits per a despeses que en el darrer jorn de l'ampliació de l'exercici pressupostari a què es refereix l'apartat b) de l'article 28 no estinguin vinculats al compliment d'obligacions ja reconegudes restaran anul·lats de ple dret.

—2 Nogensmenys, per acord del conseller d'Economia i Finances podran incorporar-se a l'estat de despeses del pressupost de l'exercici següent immediat:

a) Els crèdits extraordinaris i suplements de crèdit, així com les transferències de crèdit atorgades o autoritzades en el darrer trimestre de l'exercici pressupostari.

b) Els crèdits que garanteixin compromisos de despeses contrets abans del darrer mes de l'exercici pressupostari i que, per motius justificats, no s'hagin pogut realitzar durant l'exercici.

c) Els crèdits per a operacions de capital.

d) Els crèdits autoritzats en funció de l'efectiva recaptació dels drets afectats.

e) Els que s'enumeren a l'article 44 d'aquesta Llei.

—3 Els romanents incorporats segons el que preveu l'apartat anterior només podran ésser aplicats dins de l'exercici pressupostari en el qual s'acordi la incorporació, i en els supòsits de les lletres a) i b), per les mateixes despeses que van motivar, en cada cas, la concessió, l'autorització i el compromís.

Article 38

—1 A càrrec dels crèdits consignats al Pressupost tan sols es podran contreure obligacions derivades de despeses que s'efectuïn durant l'any natural de l'exercici pressupostari.

—2 Nogensmenys, s'aplicaran als crèdits del Pressupost vigent, en el moment d'expedició de llurs manaments de pagament, les obligacions següents:

a) Les que resultin de la liquidació d'endarreriments a favor del personal al servei de la Generalitat o les entitats autònomes.

b) Les derivades de compromisos de despeses degudament contrets en exercicis anteriors que per causes justificades no s'hagin pogut reconèixer.

—3 No obstant això, amb autorització prèvia del Departament d'Economia i Finances, també podrà ésser diferit el pagament del preu de compra de béns immobles adquirits directament, l'import del qual sigui superior a 200 milions de pessetes, sense que en cap cas el desemborsament inicial a la signatura de l'escriptura pugui ésser inferior al 25% del preu, i es podrà distribuir lliurement la resta fins a tres anualitats successives.

Article 39

—1 Quan s'hagi d'efectuar a càrrec del Pressupost de la Generalitat alguna despesa que no pugui ajornar-se fins a l'exercici següent, i per a la qual no hi hagi el crèdit adient o bé el consignat sigui insuficient i no ampliable, el conseller d'Economia i Finances, previs els informes de la Direcció General de Pressupostos i Tresor, sotmetrà al Govern l'acord de trametre al Parlament el corresponent projecte de llei de concessió d'un crèdit extraordinari en el primer supòsit o d'un suplement de crèdit en el segon, i s'hi inclourà, necessàriament, la proposta dels recursos concrets que els han de finançar.

—2 Quan la necessitat de crèdit extraordinari o suplementari es produís en les entitats autònomes de la Generalitat i no signifiqués un augment en els crèdits d'aquesta, la concessió de l'un i de l'altre correspondrà, previ informe del departament on siguin adscrits justificant la necessitat i especificant el mitjà de finançament de major despesa, al conseller d'Economia i Finances, si llur import no ultrapassa el 5 per cent dels crèdits consignats per l'entitat autònoma a què faci referència, i al Govern quan, excedint l'esmentat percentatge, no signifiqui el 15 per cent. Els esmentats percentatges s'aplicaran de forma acumulada en cada exercici pressupostari.

—3 El Govern, en la forma que es determinarà per reglament, donarà compte cada trimestre al Parlament dels crèdits extraordinaris i dels suplements de crèdit a què es refereix l'apartat anterior, documentalment i amb el mateix detall, com a mínim, que el pressupost respectiu.

Article 40

—1 El Govern, només en els supòsits que s'indiquen i a proposta del conseller d'Economia i Finances, podrà acordar bestretes de tresoreria per tal de satisfer pagaments inajornables, amb el límit màxim en cada exercici del 2 per cent dels crèdits consignats pel pressupost de què es tracti:

a) Quan un cop iniciada la tramitació d'expedients de concessió de crèdit s'hagi emès informe favorable del Departament d'Economia i Finances.

b) Quan la promulgació d'una nova llei o la notificació de resolucions judicials generin obligacions el compliment de les quals exigirà la concessió de crèdit extraordinari o de suplement de crèdit.

—2 Si el Parlament de Catalunya no aprovava la llei de concessió de crèdit extraordinari o de suplement de crèdit, l'import de la bestreta de tresoreria seria cancel·lat a càrrec dels crèdits corresponents del respectiu departament o òrgan de la Generalitat, o entitat autònoma, la reducció dels quals ocasioni menys trasbals al servei públic.

Article 41

El Govern, a proposta del conseller d'Economia i Finances, podrà acordar, en els supòsits de crèdits per a operacions de capital, transferències de crèdits globals als específics de la mateixa naturalesa econòmica. Els estats de despesa del pressupost indicaran els crèdits globals als quals podrà ésser aplicada la norma.

Article 42

A proposta dels respectius departaments, el conseller d'Economia i Finances podrà acordar transferències de crèdit amb les limitacions següents:

a) No afectaran els crèdits per a despeses de personal ni els ampliables, ni els extraordinaris concedits durant l'exercici.

b) No reduiran crèdits per a despeses destinades a subvencions nominatives, ni els que hauran estat augmentats amb suplements o transferències.

c) No augmentaran crèdits que mitjançant altres transferències hauran estat reduïts.

d) No afectaran més d'un programa.

e) No podran fer-se a càrrec d'operacions de capital per tal de finançar les operacions corrents, llevat del supòsit dels crèdits per a dotar el funcionament de noves inversions.

f) No podran fer-se a càrrec de crèdits incorporats, procedents d'exercicis anteriors.

Article 43

Els consellers dels diferents departaments i els presidents de les entitats autònomes de la Generalitat podran redistribuir els crèdits entre les diferents partides d'un mateix concepte pressupostari, notificant-ho al conseller d'Economia i Finances, al qual en correspondrà l'aprovació quan es tracti de conceptes de personal.

Article 44

Podran generar crèdits dins l'estat de despeses del Pressupost de la Generalitat els ingressos derivats de les operacions següents:

a) Aportacions de persones físiques o jurídiques, per a finançar, juntament amb la Generalitat o les seves entitats autònomes, despeses que per llur naturalesa siguin compreses dintre dels objectius o finalitats de les entitats esmentades.
b) Alienació de béns de la Generalitat o de les entitats autònomes.
c) Prestació de serveis.
d) Reemborsament de préstecs.
e) Crèdits de l'exterior per a inversions públiques.

Article 45

Els ingressos obtinguts per reintegrament de pagaments realitzats de manera indeguda a càrrec de crèdits pressupostaris podran originar la reposició d'aquests últims en les condicions que estableixin.

Secció tercera
Execució i liquidació

Article 46

—1 L'«autorització» de la despesa és l'acte pel qual s'acorda la realització d'una despesa a càrrec d'un crèdit pressupostari determinat sense sobrepassar-ne l'import pendent d'aplicació calculada de manera certa o aproximada per excés, reservant a tal fi la totalitat o una part del crèdit pressupostari disponible.

—2 La «disposició» és l'acte pel qual s'acorda o concerta, segons els casos, després dels tràmits legals que siguin procedents, la realització concreta d'obres, la prestació de serveis o el subministrament. Amb la «disposició» queda formalitzada la reserva del crèdit per un import i condicions exactament determinats.

—3 S'entén per «obligació» l'operació de contreure en comptes els crèdits exigibles contra la Generalitat perquè hagi estat acreditada satisfactòriament la prestació objecte de la «disposició».

—4 s'entén per «pagament ordenat» l'operació per la qual l'ordenador expedeix, en relació amb una obligació concreta, el manament del pagament contra la tresoreria de la Generalitat.

Article 47

—1. Correspon als òrgans superiors de la Generalitat i als consellers dels departaments, dintre dels límits de l'article 35, autoritzar les despeses pròpies dels serveis al seu càrrec, llevat dels casos reservats per la llei a la competència del Govern, així com efectuar la disposició i la liquidació del crèdit exigible tot interessant del conseller d'Economia i Finances l'ordenació dels pagaments corresponents.

—2 Amb la mateixa reserva legal, correspon als presidents o directors de les entitats autònomes l'autorització, la disposició, la liquidació i l'ordenació dels pagaments relatius a les entitats i empreses esmentades.

—3 Les facultats a què fan referència els números anteriors podran delegar-se en els termes que s'estableixen per reglament.

Article 48

—1 Els pagaments s'ordenaran mitjançant els respectius manaments, que l'ordenador lliurarà a favor dels creditors de la Generalitat.

—2 Correspon al conseller d'Economia i Finances l'ordenació dels pagaments, que podrà delegar de forma expressa amb caràcter general o singular.

—3 Nogensmenys, amb l'objecte de facilitar el servei, es crearan les ordenacions de pagaments secundàries que es considerin necessàries i llurs titulars seran nomenats pel conseller d'Economia i Finances.

—4 Els serveis de les ordenacions de pagaments s'acomodaran al reglament que s'aprovi a proposta del conseller d'Economia i Finances.

Article 49

L'expedició dels manaments de pagament a càrrec del pressupost de la Generalitat haurà d'ajustar-se al pla que sobre la disposició de fons de tresoreria estableixi el Govern, a proposta del conseller d'Economia i Finances.

Article 50

—1 Els manaments de pagament aniran acompanyats dels documents que provin la realització de la prestació o el dret del creditor, conforme a la respectiva autorització de la despesa.

—2 Els manaments de pagament que no puguin anar acompanyats dels documents justificatius en el moment de llur expedició tindran el caràcter de «a justificar», sens perjudici de l'aplicació que calgui als crèdits pressupostaris corresponents.

—3 Els perceptors d'aquests manaments quedaran obligats a justificar en el termini de tres mesos l'aplicació de les quantitats rebudes.

—4 En el curs del mes següent a la data d'aportació dels documents justificatius a què es refereixen els apartats anteriors d'aquest article, es produirà l'aprovació o rectificació del compte feta per l'autoritat competent.

—5 Les ordres de pagament corresponents a subvencions obligaran els perceptors a justificar l'aplicació del fons rebuts a la finalitat que en determina la concessió.

Article 51

—1 El pressupost de cada exercici es liquidarà, quant a la recaptació d'ingressos i al pagament d'obligacions, el dia 30 d'abril immediat següent i aniran a càrrec de la Tresoreria de la Generalitat els ingressos i pagaments pendents, segons les respectives contraccions de drets i obligacions.

—2 Les operacions de la tresoreria s'aplicaran per anys naturals. Nogensmenys, s'aplicaran al període corrent els ingressos ajornats, els fraccionats i els altres no incorreguts en via de constrenyiment.

—3 Els ingressos que s'efectuïn una vegada tancat el pressupost respectiu quedaran desafectats a la destinació específica que, donat el cas, els hagués correspost, sens perjudici de llur reconeixement i nova afectació a càrrec del pressupost de l'exercici en curs.

Secció quarta

Normes complementàries referides a les entitats regulades per l'Estatut de l'Empresa Pública Catalana

Article 52

—1 L'estructura formal bàsica del programa d'actuació de les empreses de la Generalitat serà establerta pel Govern, a proposta del conseller d'Economia i Finances, i la desenvoluparà cada empresa d'acord amb les característiques i necessitats pròpies.

—2 El Govern donarà compte al Parlament dels principis que informen els programes d'actuació de les empreses de la Generalitat.

Article 53

Els convenis que la Generalitat estableixi amb les seves empreses públiques o vinculades, o amb altres que no en depenguin, però gaudeixin d'avals de la Generalitat o rebin subvencions a càrrec dels seus pressupostos, inclouran en qualsevol cas les clàusules següents:

a) Hipòtesis macroeconòmiques i sectorials que serveixin de base al conveni, tot indicant aquelles la modificació de les quals pugui donar lloc a la cancel·lació del conveni.
b) Objectius de la política de personal, rendibilitat, productivitat o reestructuració tècnica de l'explotació econòmica, així com mètodes d'avaluació d'aquells.
c) Aportacions o avals de la Generalitat.
d) Mesures a emprar per tal d'adaptar els objectius convinguts a les variacions experimentades a l'entorn econòmic respectiu.
e) Control de la Generalitat sobre l'execució del conveni i l'explotació econòmica posterior.

CAPÍTOL VI

La tresoreria i els avals de la Generalitat

Article 54

—1 Constitueixen la tresoreria de la Generalitat tots els recursos financers, tant per a operacions pressupostàries com extrapressupostàries, siguin diners, valors, crèdits o productes de l'endeutament de la Generalitat i de les entitats autònomes.

—2 Els efectius de la Tresoreria i les variacions que sofreixen estan subjectes a la intervenció i han d'ésser registrats segons les normes de la comptabilitat pública.

Article 55

La Tresoreria compleix les funcions següents:

a) Recaptar els ingressos i pagar les obligacions de la Generalitat.
b) Servir el principi d'unitat de caixa, mitjançant la centralització de tots els cabals i valors generats per operacions pressupostàries i extrapressupostàries.
c) Distribuir en el temps i en el territori les disponibilitats dineràries per a la satisfacció puntual de les obligacions de la Generalitat.

d) Respondre dels avals contrets per la Generalitat.
e) Les altres que derivin de les esmentades en el paràgraf anterior o bé s'hi relacionin.

Article 56

—1 La Tresoreria de la Generalitat situarà els cabals d'aquesta al Banc d'Espanya, i a les entitats de crèdit i d'estalvi que operin a Catalunya.

—2 Els serveis que es podran concertar amb les entitats indicades en el paràgraf anterior es determinaran per reglament.

Article 57

—1 Els cabals de les entitats autònomes de la Generalitat se situaran a la Tresoreria de la Generalitat comptablement diferenciats.

—2 Això no obstant, les entitats autònomes, quan convingui per raó de les operacions que desenvolupin o del lloc en què aquestes s'hagin d'efectuar, podran obrir i utilitzar comptes en les entitats de crèdit i d'estalvi de Catalunya, prèvia autorització del conseller d'Economia i Finances.

Article 58

—1 Els ingressos a la Tresoreria podran ésser fets en el Banc d'Espanya, a les caixes de la Tresoreria i a les entitats de crèdit col·laboradores d'aquesta mitjançant diner efectiu, girs, transferències, xecs i qualsevol altre mitjà o document de pagament, sigui bancari o no, autoritzat per reglament.

—2 La Tresoreria podrà, així mateix, pagar les seves obligacions per qualsevol dels mitjans a què fa referència el paràgraf anterior.

Article 59

Les necessitats de la Tresoreria derivades de la diferència de venciment dels seus pagaments i ingressos, podran atendre's:

a) Amb bestretes del Banc d'Espanya, si així s'acordava mitjançant conveni amb aquest, d'entitats de crèdit o caixes d'estalvis segons acord del Govern a proposta del conseller d'Economia i Finances i sempre que la suma total no sigui superior al dotze per cent dels crèdits que per a despeses autoritzi el Pressupost de la Generalitat del mateix exercici, s'han de cancel·lar aquests dins de l'exercici pressupostari.
b) Amb el producte de l'emissió de deute de la Tresoreria segons es preveu als articles 17.1 i 19.3 de la present Llei.

Article 60

—1 Les garanties de la Generalitat que no es concedeixin mitjançant una entitat autònoma de caràcter financer hauran de revestir necessàriament la forma d'aval de la Tresoreria, que serà autoritzat pel Govern a proposta del conseller d'Economia i Finances. Els acords d'autorització hauran d'ésser publicats en el *Diari Oficial de la Generalitat de Catalunya*.

—2 Els avals prestats a càrrec de la Tresoreria reportaran a favor d'aquesta la comissió que per a cada operació determini el Govern, a proposta del conseller d'Economia i Finances.

—3 Els avals seran documentats en la forma que es determinarà per reglament i seran signats pel conseller d'Economia i Finances.

—4 La Tresoreria de la Generalitat respondrà de les obligacions d'amortització i pagament d'interessos, si així fos establert, només en el cas que el deutor principal no complís aquestes obligacions.

Article 61

—1 La Generalitat podrà avalar les operacions de crèdit que concedeixin les entitats de crèdit legalment establertes a entitats autònomes, corporacions locals i empreses públiques. L'import total dels avals a prestar en cada exercici es fixarà en la corresponent Llei del pressupost de la Generalitat.

—2 El Departament d'Economia i Finances tramitarà el corresponent expedient per establir la conveniència de l'aval. L'autorització correspondrà al Govern i l'execució al conseller d'Economia i Finances o a l'autoritat en qui expressament delegui.

—3 La Intervenció fiscalitzarà les actuacions finançades amb crèdits avalats per la Generalitat per a conèixer en cada moment l'aplicació del crèdit. Trimestralment el conseller d'Economia i Finances retrà compte davant de la Comissió d'Economia, Finances i Pressupost del Parlament de totes les incidències que s'hagin produït en la concessió, reducció i cancel·lació dels avals, i, si s'escau, dels riscos efectius a què la Generalitat hagi hagut d'afrontar directament en l'exercici de la seva funció d'avalador.

Article 62

Les entitats autònomes administratives podran prestar avals dins el límit màxim fixat amb aquesta finalitat per a cada exercici i entitat per la Llei de Pressupostos, sempre que la respectiva norma de creació els autoritzi a efectuar aquesta mena d'operacions i es tracti de societats en què la Generalitat o les seves entitats autònomes participin directament o indirectament en més d'un 25% del capital social, tinguin la possibilitat de designar els òrgans de direcció o hi participin en més d'un 10% quan siguin titulars de serveis públics. Hauran de retre compte al Departament d'Economia i Finances de cadascun dels avals que concedeixen.

Capítol VII
La intervenció i la comptabilitat

Secció primera
La intervenció

Article 63

Tots els actes, documents i expedients de l'Administració de la Generalitat dels quals puguin derivar drets i obligacions de contingut econòmic o moviment de fons o valors seran intervinguts d'acord amb aquesta Llei i amb les seves disposicions complementàries o supletòries.

Article 64

La Intervenció de la Generalitat amb plena autonomia respecte dels òrgans i entitats subjectes a fiscalització tindrà les facultats següents:

a) Ésser el centre de control intern.

b) Ésser el centre directiu de la comptabilitat pública atribuïda a la Generalitat de Catalunya.

c) Ésser el centre de control financer.

Article 65

En el cas que la Intervenció discrepés amb el fons o amb la forma dels actes, expedients o documents examinats, formularà les seves objeccions per escrit. Si la disconformitat es refereix al reconeixement o a la liquidació de drets a favor de la hisenda de la Generalitat, es farà en nota d'objecció, i si subsisteix la discrepància, mitjançant el recurs o la reclamació que sigui procedent.

Article 66

Si l'objecció afecta la disposició de despeses, el reconeixement d'obligacions o l'ordenació de pagaments, la Intervenció suspendrà, mentre no es resolgui, la tramitació de l'expedient en els casos següents:

a) Si hi ha insuficiència o inadequació del crèdit.

b) Si hi ha irregularitats no immediatament esmenables en la documentació justificativa de les ordres de pagament o quan el dret del perceptor no quedi prou justificat.

c) Si manquen requisits essencials en l'expedient o quan estimi la possiblitat de greus pèrdues econòmiques si l'expedient continua gestionant-se.

d) Si l'objecció deriva de comprovacions materials d'obres, forniments, adquisicions o serveis.

Article 67

—1 Si l'òrgan afectat per l'objecció no hi estigués d'acord, es procedirà de la manera següent:

a) Si la discrepància correspon a una intervenció delegada, la Intervenció General resoldrà.

b) Si es manté la discrepància o aquesta correspon a la mateixa Intervenció General, pertoca la resolució al Govern.

—2 La Intervenció podrà emetre informe favorable mentre els requisits o els tràmits exigits no siguin essencials, però l'eficàcia de l'acte quedarà condicionada al seu compliment.

Article 68

—1 La funció interventora té com a objecte controlar tots els actes, documents i expedients de la Generalitat que determinin el reconeixement de drets i obligacions de contingut econòmic, així com els ingressos i pagaments que en derivin i la recaptació i aplicació dels cabals.

—2 L'exercici de la funció interventora comprendrà:

a) La intervenció prèvia o crítica de tots els actes, documents i expedients susceptibles de produir drets o obligacions de contingut econòmic o moviment de fons i valors.

b) La intervenció formal de l'ordenació de pagaments.

c) La intervenció material dels pagaments.

d) La intervenció de l'aplicació de les quantitats destinades a obres, subministraments, adquisicions i serveis, i que inclourà també llur examen documental.

e) La interposició de recursos i de reclamacions en els supòsits previstos per les lleis.

f) La comanda a l'òrgan o als òrgans competents, quan la naturalesa de l'acte, document o expedient a intervenir ho requereixi, dels assessoraments adients amb el cas, així com dels antecedents necessaris per al millor exercici de la funció interventora.

—3 Les competències atribuïdes a la Intervenció i a la funció interventora seran exercides, en l'àmbit territorial de la Generalitat de Catalunya, pel personal del cos d'interventors de la Generalitat.

Article 69

No quedaran sotmeses a intervenció prèvia les despeses de material no inventariable, així com les de caràcter periòdic i d'altres de tracte successiu, un cop intervinguda la despesa inicial de l'acte o contracte del qual derivin, o les seves modificacions.

Article 70

Les disposicions dels articles 63 al 69 seran aplicables a la funció interventora en les entitats autònomes de caràcter administratiu dependents de la Generalitat.

Article 71

—1 Les entitats públiques, les empreses societàries individuals i les persones que gaudeixin de subvencions corrents, préstecs, avals i altres ajuts de la Generalitat, o si s'escau, de les entitats autònomes i empreses públiques que en depenguin, seran objecte de control financer mitjançant la forma d'auditoria sota la direcció de la Intervenció General.

—2 El control de caràcter financer en les entitats autònomes de tipus comercial, industrial i financer i en les empreses públiques de la Generalitat, i en les que es refereix el paràgraf anterior, s'ha d'ajustar al pla anual que per a cada exercici econòmic ha d'aprovar el conseller d'Economia i Finances, a proposta de la Intervenció General.

—3 Les entitats autònomes de tipus comercial, industrial i financer i les empreses públiques de la Generalitat resten sotmeses al control financer que exerceix la Intervenció General de la Generalitat en els termes de la Llei 4/1985, de 29 de març, de l'Estatut de l'empresa pública catalana.

Secció segona

La comptabilitat

Article 72

La Generalitat i les entitats autònomes i administratives queden sotmeses al règim de comptabilitat pública en els termes previstos en aquesta Llei.

Article 73

—1 La subjecció al règim de comptabilitat pública comporta l'obligació de retre comptes de les operacions respectives, qualsevol que sigui la seva naturalesa, a la Sindicatura de Comptes mitjançant la Intervenció General, o directament, quan s'escaigui, a la Sindicatura de Comptes que ho requereixi.

—2 El que disposa el paràgraf anterior s'aplica a l'emprament de les transferències corrents o de capital independentment dels qui en siguin els perceptors.

—3 Aquella obligació s'entén sens perjudici de les competències que la Constitució confereix al Tribunal de Comptes.

Article 74

És competència del conseller d'Economia i Finances l'organització de la comptabilitat pública al servei de les finalitats següents:

a) Registrar l'execució del Pressupost de la Generalitat.

b) Conèixer el moviment de la situació de la Tresoreria.

c) Reflectir les variacions, la composició i la situació del patrimoni de la Generalitat, de les entitats autònomes, de les empreses públiques i de les empreses vinculades a la Generalitat.

d) Proporcionar les dades necessàries per a la formació i el retiment del Compte General de la Generalitat, així com dels altres comptes, estats i documents que hagin d'ésser elaborats o tramesos a la Sindicatura de Comptes i al Tribunal de Comptes.

e) Facilitar les dades i altres antecedents necessaris per a la confecció dels comptes econòmics del Sector Públic de Catalunya i la seva consolidació posterior amb els comptes econòmics del Sector Públic de la resta de l'Estat espanyol.

f) Retre la informació econòmica i financera per a la presa de decisions al nivell de govern i d'administració.

Article 75

La Intervenció General de la Generalitat és el centre directiu de la Comptabilitat Pública de Catalunya, al qual correspon:

a) Sotmetre a la decisió del conseller d'Economia i Finances el pla general de comptabilitat a què s'adaptaran les corporacions, organismes i altres entitats incloses en el Sector Públic de Catalunya, segons les seves característiques o peculiaritats, amb la deguda coordinació i articulació en el pla general de comptabilitat del Sector Públic Estatal.

b) Promoure l'exercici de la potestat reglamentària amb vista a la determinació de l'estructura, justificació, tramitació, rendició dels comptes i altres documents relatius a la comptabilitat pública. Així mateix pot dictar circulars, instruccions i altres normes que li permetin les lleis.

c) Aprovar els plans parcials o especials de comptabilitat pública que s'elaborin conformement al pla general.

d) Inspeccionar la comptabilitat de les entitats autònomes i empreses públiques i dirigir les auditories de les empreses vinculades a la Generalitat, que hauran de portar-se a terme anualment.

Article 76

Com a centre gestor de la comptabilitat pública correspon a la Intervenció General de la Generalitat:

a) Formar el compte general de la Generalitat.
b) Preparar i examinar, formulant-hi les observacions que escaiguin, els comptes que s'hagin de retre a la Sindicatura de Comptes i al Tribunal de Comptes.
c) Recaptar la presentació dels comptes, estats i altres documents subjectes a un examen crític.
d) Centralitzar la informació deduïda de la comptabilitat de les Corporacions, Organismes i Entitats que integrin el Sector Públic de Catalunya.
e) Elaborar els comptes econòmics del sector públic de Catalunya d'acord amb el sistema de comptes nacionals seguit per l'Estat; amb distinció dels mateixos subsectors que aquell.
f) Vigilar i impulsar l'activitat de les oficines de comptabilitat existents en tots els departaments, entitats autònomes i empreses públiques de la Generalitat.
g) Coordinar la planificació comptable de les empreses vinculades a la Generalitat.

Article 77

Els comptes i la documentació que s'hagin de retre a la Sindicatura de Comptes i al Tribunal de Comptes es formaran i tancaran per períodes mensuals, excepte els corresponents a les entitats autònomes, empreses públiques i empreses vinculades a la Generalitat, que ho seran anualment, dintre dels sis mesos següents al tancament de l'exercici.

Article 78

La comptabilitat pública resta sotmesa a verificació ordinària o extraordinària a càrrec de funcionaris dependents de l'interventor general de la Generalitat i dels que, donat el cas, designi la Sindicatura de Comptes o el Tribunal de Comptes.

Article 79

El conseller d'Economia i Finances trametrà al Parlament, a títol informatiu i d'estudi per a la Comissió d'Economia, Finances i Pressupost, i farà publicar en el *Diari Oficial de la Generalitat*, trimestralment i dintre del trimestre següent, l'estat mensual d'execució del Pressupost de la Generalitat i de les seves modificacions, així com els moviments i la situació del Tresor.

Article 80

—1 El compte general de la Generalitat es formarà amb els documents següents:

a) Compte de l'administració general de la Generalitat.
b) Compte de les entitats autònomes de caràcter administratiu.
c) Compte de les entitats gestores de la Seguretat Social.

—2 S'uniran al compte general de la Generalitat els comptes generals de les diputacions provincials.

—3 La Sindicatura de Comptes unirà al compte general de la Generalitat els comptes de les entitats autònomes de caràcter comercial, industrial, financer o anàleg, els de les empreses públiques i els dels altres ens de dret públic, que no siguin entitats autònomes de caràcter administratiu, els pressupostos de les quals són aprovats pel Parlament.

—4 També s'acompanyarà qualsevol altre estat que es determini per reglament, i els que reflecteixen el moviment i la situació dels avals concedits per la Generalitat.

Article 81

El compte de l'administració general de la Generalitat comprendrà totes les operacions pressupostàries, patrimonials i de tresoreria efectuades durant l'exercici i constarà dels punts següents:

Primer. La liquidació del pressupost, dividida en tres parts:

a) Quadre demostratiu dels crèdits autoritzats en l'estat de despeses i en les seves modificacions, al qual s'unirà una còpia de les lleis, les disposicions i els acords en virtut dels quals s'hagin produït aquelles.

b) Liquidació de l'estat de despeses.

c) Liquidació de l'estat d'ingressos.

Segon. Un estat demostratiu de l'evolució i la situació dels valors a cobrar i de les obligacions a pagar procedents d'exercicis anteriors.

Tercer. El compte general de Tresoreria que posi de manifest la situació de la Tresoreria i les operacions realitzades per aquell durant l'exercici, amb distinció de les que corresponguin al Pressupost vigent i als anteriors.

Quart. Un estat relatiu a l'evolució i a la situació de les bestretes de Tresoreria a què fa referència l'article 40.1 d'aquesta Llei.

Cinquè. El compte general de deute públic, i en general, de l'endeutament de la Generalitat.

Sisè. El resultat de l'exercici amb l'estructura següent:

a) Els saldos de l'execució del pressupost per obligacions i drets reconeguts i per pagaments i ingressos efectuats.

b) El dèficit o superàvit de Tresoreria per operacions pressupostàries, incloent-hi les que corresponguin a l'exercici vigent i als anteriors.

c) La variació dels actius i passius de la hisenda de la Generalitat, derivada de les operacions corrents i de capital.

Setè. Un estat demostratiu de l'evolució i la situació de les inversions amb especificació de la seva incidència comarcal.

Vuitè. Una memòria justificativa dels costos i els rendiments dels serveis públics, i del grau de compliment dels objectius programats en aquest sentit.

Novè. Un estat dels compromisos de despeses adquirits amb càrrec a exercicis futurs d'acord amb l'autorització continguda a l'article 36 d'aquesta Llei, amb indicació dels exercicis en els quals s'hagin d'imputar.

Desè. Un estat que reflecteixi l'evolució i la situació dels recursos locals i institucionals administrats per les finances de la Generalitat.

Article 82

El compte general de la Generalitat serà format per la Intervenció General de la Generalitat amb els comptes que els diferents comptedonants hagin de retre a la Sindicatura i al Tribunal de Comptes.

Capítol VIII
Responsabilitats

Article 83

—1 Els titulars de càrrecs polítics i els funcionaris al servei de la Generalitat o de les entitats autònomes o empreses públiques que dolosament o culpablement intervinguin en accions o omissions que ocasionin perjudici econòmic a la hisenda de la Generalitat, quedaran sotmesos a la responsabilitat civil, penal o disciplinària que escaigui, d'acord amb les lleis. La responsabilitat penal i la disciplinària seran compatibles entre elles i amb la civil.

—2 Estaran especialment subjectes a l'obligació d'indemnitzar la hisenda de la Generalitat els interventors, el tresorer i l'ordenador de pagaments responsables d'engany o culpa inexcusable que no haguessin salvat llur actuació mitjançant impugnació per escrit sobre la improcedència o il·legalitat de l'acte, document o expedient.

—3 La responsabilitat, en els supòsits de concurrència de responsables, serà mancomunada, llevat dels casos d'engany o frau, en què serà solidària.

—4 Quan els superiors dels presumptes responsables o l'ordenador de pagaments, respectivament, tinguin notícia d'un abastament, malversació, dany o perjudici a la hisenda de la Generalitat, o si hagués transcorregut el termini assenyalat per l'article 50.3 d'aquesta Llei sense haver-se justificat els manaments de pagaments als quals es refereix, instruiran les oportunes diligències prèvies i adoptaran amb el mateix caràcter les mesures necessàries per a assegurar els drets de la hisenda de la Generalitat.

Article 84

Constitueixen accions i omissions de les quals resultarà l'obligació d'indemnitzar la Hisenda de la Generalitat:

a) Incórrer en abastament o malversació afectant l'haver de la Generalitat.
b) Administrar els drets econòmics de la hisenda de la Generalitat incomplint les disposicions reguladores de llur gestió, liquidació, inspecció i recaptació i ingrés en el Tresor.
c) Autoritzar despeses i ordenar pagaments sense crèdits o amb crèdit insuficient o infringint d'alguna altra manera les disposicions vigents sobre la matèria.
d) Provocar pagaments indeguts mitjançant la liquidació d'obligacions o l'expedició de documents en virtut de funcions encomanades.
e) No retre els comptes exigits per reglaments o presentar-los amb defectes greus.
f) No justificar l'aplicació dels fons a què fa referència l'article 50 d'aquesta Llei.
g) Qualsevol altres actes o omissions que constitueixin incompliment de les disposicions d'aquesta Llei i d'altra normativa aplicable a l'administració i comptabilitat de la hisenda de la Generalitat.

Article 85

—1 En relació amb els actes i les omissions tipificades en l'article anterior, i sens perjudici de les competències de la Sindicatura de Comptes de Catalunya i del Tribunal de Comptes, la responsabilitat es dilucidarà o aclarirà mitjançant expedient administratiu.

—2 L'acord d'incoació de l'expedient, la resolució d'aquest i el nomenament del jutge instructor correspondran al Govern quan es tracti de titulars de càrrecs polítics de la Generalitat, i al conseller d'Economia i Finances en els altres casos. L'expedient es tramitarà, en tot cas, amb audiència dels interessats.

—3 La resolució corresponent s'haurà de pronunciar sobre els danys i els perjudics causats als drets econòmics de la hisenda de la Generalitat, i els responsables tindran l'obligació d'indemnitzar en la quantia i el termini que s'assenyali.

Article 86

—1 Els danys i els perjudicis determinats per la resolució de l'expedient a la qual es refereix l'article anterior tindran la consideració de drets econòmics de la Hisenda de la Generalitat. Si s'escau es procedirà al seu cobrament per via de constrenyiment.

—2 La hisenda de la Generalitat té dret a l'interès previst per l'article 14 d'aquesta Llei sobre l'import dels danys i perjudicis des del dia que aquests s'hauran produït.

—3 Quan a causa de la insolvència del deutor o deutora de la Generalitat derivi l'acció cap als responsables subsidiaris, l'interès es comptarà des de la data en què aquests seran requerits amb aquesta finalitat.

Disposicions transitòries

Primera

Mentre el Parlament de Catalunya no promulgui les normes corresponents i el Govern de la Generalitat no dicti les disposicions reglamentàries, regiran les normes i disposicions anàlogues de l'Estat, d'acord amb la Disposició Transitòria Segona de l'Estatut, en tot allò que no estigui en contradicció amb les lleis i els reglaments catalans.

Segona

Les transferències de cabals afectats a serveis traspassats per l'Administració de l'Estat podran ésser objecte de redistribució en els termes dels articles 42 i 43 d'aquesta Llei. D'aquesta redistribució, se'n donarà compte al Parlament.

Disposició final

Aquesta Llei és d'aplicació a les empreses a què fa referència la Llei 4/1985, de 29 de març, de l'Estatut de l'Empresa Pública Catalana, en tot allò en què no s'oposi a la seva regulació específica.

II

MODIFICACIÓ DE NORMES REFERENCIADES

II

MODIFICACIÓ DE NORMES REFERENCIADES

Llei 4/1980, de 16 de desembre, de creació de l'Institut Català del Sòl

Modificada per:

— Decret legislatiu 16/1994, de 26 de juliol, pel qual s'adeqüen a la Llei 30/1992 normes amb rang de llei que afecten el Departament de Política Territorial i Obres Públiques.

Llei 10/1981, de 2 de desembre, de creació de l'Institut Català de Serveis a la Joventut

Modificada per:

— Decret legislatiu 3/1994, de 13 de juliol, pel qual es modifica la Llei 10/1981, de 2 de desembre, de creació de l'Institut Català de Serveis a la Joventut, a fi d'adaptar-la a la Llei 30/1992.

Llei 12/1981, de 24 de desembre, per la qual s'estableixen normes addicionals de protecció dels espais d'especial interès natural afectats per activitats extractives

Modificada per:

— Decret legislatiu 14/1994, de 26 de juliol, pel qual s'adequa la Llei 12/1981, de 24 de desembre, per la qual s'estableixen normes addicionals de protecció dels espais d'especial interès natural afectats per activitats extractives.

Llei 4/1982, de 5 d'abril, de creació de la Comissió de Ports de Catalunya

Modificada per:

— Decret legislatiu 16/1994, de 26 de juliol, pel qual s'adeqüen a la Llei 30/1992 normes amb rang de llei que afecten el Departament de Política Territorial i Obres Públiques.

Llei 11/1982, de 8 d'octubre, de creació de l'Institut Cartogràfic de Catalunya

Modificada per:

— Decret legislatiu 16/1994, de 26 de juliol, pel qual s'adeqüen a la Llei 30/1992 normes amb rang de llei que afecten el Departament de Política Territorial i Obres Públiques.

Llei 9/1984, de 5 de març, de fires comercials

Derogada per:

— Llei 8/1994, de 25 de maig, d'activitats firals.

Decret 98/1985, d'11 d'abril, sobre procediment per a l'aplicació de les incompatibilitats al personal al servei de la Generalitat de Catalunya

Modificat per :

— Decret 144/1994, de 14 de juny, pel qual es regulen i s'adeqüen, d'acord amb la Llei 30/1992, de 26 de novembre, els procediments reglamentaris que afecten les matèries de règim local, joc, espectacles, activitats recreatives, policia autonòmica i local i personal al servei de la Generalitat.

Llei 12/1985, de 13 de juny, d'espais naturals

Modificada per:

— Decret legislatiu 11/1994, de 26 de juliol, pel qual s'adequa la Llei 12/1985, de 13 de juny, d'espais naturals.

Llei 14/1985, de 28 de juny, per la qual es regula el Consell Nacional de la Joventut de Catalunya

Modificada per:

— Decret legislatiu 2/1994, de 13 de juliol, pel qual es modifiquen la Llei 14/1985, de 28 de juny, que regula el Consell Nacional de Joventut de Catalunya i la Llei 38/1991, de 30 de desembre, d'instal.lacions destinades a activitats amb infants i joves.

Llei 15/1985, d'1 de juliol, de caixes d'estalvis de Catalunya

Derogada per:

— Decret legislatiu 1/1994, de 6 d'abril, pel qual s'aprova la refosa de les lleis 15/1985, d'1 de juliol, 6/1989, de 25 de maig, i 13/1993, de 25 de novembre, de caixes d'estalvis de Catalunya.

Decret 268/1985, de 29 d'agost, pel qual es regula la classificació i el funcionament dels centres classificats de pràctiques

Modificat per :

— Decret 139/1994, de 3 de maig, pel qual es regulen i s'adeqüen d'acord amb la Llei 30/1992 els procediments reglamentaris que afecten el Departament d'Ensenyament.

Llei 26/1985, de 27 de desembre, de Serveis Socials

Modificada per:

— Decret legislatiu 5/1994, de 13 de juliol, pel qual s'adequa la Llei 26/1985, de 27 de desembre, de serveis socials, a la Llei 30/1992.

Llei 27/1985, de 27 de desembre, de creació de l'Escola de Policia de Catalunya

Modificada per

— Decret legislatiu 13/1994, de 26 de juliol, pel qual s'aprova l'adequació a la Llei 30/1992 de les lleis que afecten el Departament de Governació en matèria de règim local, joc, espectacles, activitats recreatives i el règim de recursos dels seus organismes autònoms.

Decret 369/1986, de 18 de desembre, d'assignació de funcions en matèria d'hisendes locals als Departaments de Governació i d'Economia i Finances

Modificat per :

— Decret 35/1994, de 21 de gener, pel qual es modifica el Decret 369/1986, de 18 de desembre, d'assignació de funcions en matèria d'hisendes locals als Departaments de Governació i d'Economia i Finances.

— Decret 172/1994, de 14 de juny, pel qual es modifiquen determinats procediments en matèria de la competència del Departament d'Economia i Finances.

Decret legislatiu 1/1988, de 28 de gener, pel qual s'aprova la refosa dels preceptes de la Llei 5/1981, de 4 de juny, sobre desplegament legislatiu en matèria d'evacuació i tractament d'aigües residuals i la Llei 17/1987, de 13 de juliol, reguladora de l'Administració hidràulica de Catalunya, en un text únic

Modificat per:

— Llei 7/1994, de 18 de maig, de modificació de la Llei 19/1991, de 7 de novembre, de reforma de la Junta de Sanejament.

— Decret legislatiu 16/1994, de 26 de juliol, pel qual s'adeqüen a la Llei 30/1992 normes amb rang de llei que afecten el Departament de Política Territorial i Obres Públiques.

Llei 3/1988, de 4 de març, de protecció dels animals

Modificada per:

— Llei 3/1994, de 20 d'abril, de modificació de la Llei 3/1988, de 4 de març, de protecció dels animals.

Llei 6/1988, de 30 de març, forestal de Catalunya

Modificada per:

— Decret legislatiu 10/1994, de 26 de juliol, pel qual s'adequa la Llei 6/1988, de 30 de març, forestal de Catalunya.

Decret 346/1988, d'1 de desembre, pel qual es faculta els consells comarcals per intervenir en el tràmit de qualificació i informe de les activitats classificades

Modificat per:

— Decret 158/1994, de 30 de maig, pel qual es regulen i adeqüen a la Llei 30/1992 procediments reglamentaris que afecten les matèries en què intervé el Departament de Medi Ambient.

Llei 1/1989, de 16 de febrer, de creació de l'Institut Català d'Estudis Mediterranis

Modificada per:

— Decret legislatiu 4/1994, de 13 de juliol, pel qual es modifica la Llei 1/1989, de 16 de febrer, de creació de l'Institut Català d'Estudis Mediterranis, a fi d'adaptar-la a la Llei 30/1992.

Llei 2/1989, de 16 de febrer, sobre centres recreatius turístics

Modificada per:

— Llei 6/1994, de 19 de maig, de modificació parcial de la Llei 2/1989, de 16 de febrer, sobre centres recreatius turístics.

Llei 4/1990, de 9 de març, d'ordenació de l'abastament d'aigua a l'àrea de Barcelona

Modificada per:

— Decret legislatiu 16/1994, de 26 de juliol, pel qual s'adeqüen a la Llei 30/1992 normes amb rang de llei que afecten el Departament de Política Territorial i Obres Públiques.

Llei 10/1990, de 15 de juny, sobre la policia dels espectacles, les activitats recreatives i els establiments públics

Modificada per :

— Decret legislatiu 13/1994, de 26 de juliol, pel qual s'aprova l'adequació a la LLei 30/1992 de les lleis que afecten el Departament de Governació en matèria de règim local, joc, espectacles, activitats recreatives i el règim de recursos dels seus organismes autònoms.

Decret legislatiu 1/1990, de 12 de juliol, pel qual s'aprova el text refós de la legislació vigent a Catalunya en matèria urbanística

Modificat per:

— Decret legislatiu 16/1994, de 26 de juliol, pel qual s'adeqüen a la Llei 30/1992 normes amb rang de llei que afecten el Departament de Política Territorial i Obres Públiques.

Llei 18/1990, de 15 de novembre, de creació del Centre d'Estudis Jurídics i de Formació Especialitzada

Modificada per :

— Decret legislatiu 12/1994, de 26 de juliol, pel qual d'adeqüen a la Llei 30/1992 la Llei 13/1982, de 17 de desembre, de col.legis professionals i la Llei 18/1990, de 15 de novembre, de creació del Centre d'Estudis Jurídics i Formació Especialitzada.

Decret 319/1990, de 21 de desembre, pel qual s'aprova el Reglament de la Llei de regulació del transport de viatgers per carretera

Modificat per:

— Decret 186/1994, de 26 de juliol, pel qual s'adeqüen a la Llei 30/1992 procediments reglamentaris que afecten el Departament de Política Territorial i Obres Públiques.

Llei 1/1991, de 27 de febrer, reguladora del règim sancionador en matèria de joc

Modificada per :

— Decret legislatiu 13/1994, de 26 de juliol, pel qual s'aprova l'adequació a la LLei 30/1992 de les lleis que afecten el Departament de Governació en matèria de règim local, joc, espectacles, activitats recreatives i el règim de recursos dels seus organismes autònoms.

Decret 100/1991, de 25 de març, pel qual es determinen els supòsits d'aplicació del silenci positiu

Modificat per :

— Decret 138/1994, de 30 de maig, pel qual s'adeqüen a la Llei 30/1992 els procediments de la competència del Departament de Cultura.

— Decret 139/1994, de 3 de maig, pel qual es regulen i s'adeqüen d'acord amb la Llei 30/1992 els procediments reglamentaris que afecten el Departament d'Ensenyament.

— Decret 144/1994, de 14 de juny, pel qual es regulen i d'adeqüen, d'acord amb la Llei 30/1992, de 26 de novembre, els procediments reglamentaris que afecten les matèries de règim local, joc, espectacles, activitats recreatives, policia autonòmica i local i personal al servei de la Generalitat.

— Decret 145/1994, de 30 de maig, pel qual es porta a terme l'adequació dels procediments del Departament de Benestar Social a la Llei 30/1992.

— Decret 150/1994, de 14 de juny, pel qual es regulen i adeqüen a la Llei 30/1992 determinats procediments reglamentaris que afecten les matèries de la competència del Departament de Treball.

— Decret 158/1994, de 30 de maig, pel qual es regulen i adeqüen a la Llei 30/1992 procediments reglamentaris que afecten les matèries en què intervé el Departament de Medi Ambient.

— Decret 172/1994, de 14 de juny, pel qual es modifiquen determinats procediments en matèria de la competència del Departament d'Economia i Finances.

— Decret 180/1994, de 13 de juliol, pel qual es modifiquen diversos procediments en matèries de la competència del Departament de Sanitat i Seguretat Social, a l'efecte de la seva adequació a les previsions de la Llei 30/1992.

— Decret 184/1994, de 26 de juliol, pel qual es regulen i s'adeqüen a la Llei 30/1992 procediments reglamentaris que afecten les matèries de la competència del Departament de Justícia.

— Decret 186/1994, de 26 de juliol, pel qual s'adeqüen a la Llei 30/1992 procediments reglamentaris que afecten el Departament de Política Territorial i Obres Públiques.

— Decret 187/1994, de 26 de juliol, pel qual es regulen i s'adeqüen, d'acord amb la Llei 30/1992, els procediments reglamentaris que afecten el Departament d'Agricultura, Ramaderia i Pesca.

Decret 231/1991, de 28 d'octubre, sobre les intervencions arqueològiques

Modificat per:

— Decret 138/1994, de 30 de maig, pel qual s'adeqüen a la Llei 30/1992 els procediments de la competència del Departament de Cultura.

Llei 19/1991, de 7 de novembre, de reforma de la Junta de Sanejament

Modificada per:

— Llei 7/1994, de 18 de maig, de modificació de la Llei 19/1991, de 7 de novembre, de reforma de la Junta de Sanejament.

Llei 20/1991, de 25 de novembre, de promoció de l'accessibilitat i de la supressió de barreres arquitectòniques

Modificada per:

— Decret legislatiu 6/1994, de 13 de juliol, pel qual s'adequa la Llei 20/1991, de 25 de novembre, de promoció de l'accessibilitat i de la supressió de barreres arquitectòniques a la Llei 30/1992.

Llei 21/1991, de 25 de novembre, de creació de l'Institut Català de Seguretat Viària

Modificada per:

— Decret legislatiu 13/1994, de 26 de juliol, pel qual s'aprova l'adequació a la LLei 30/1992 de les lleis que afecten el Departament de Governació en matèria de règim local, joc, espectacles, activitats recreatives i el règim de recursos dels seus organismes autònoms.

Llei 24/1991, de 29 de novembre, de l'habitatge

Modificada per:

— Decret legislatiu 16/1994, de 26 de juliol, pel qual s'adeqüen a la Llei 30/1992 normes amb rang de llei que afecten el Departament de Política Territorial i Obres Públiques.

Llei 38/1991, de 30 de desembre, d'instal.lacions destinades a activitats amb infants i joves

Modificada per:

— Decret legislatiu 2/1994, de 13 de juliol, pel qual es modifiquen la Llei 14/1985, de 28 de juny, que regula el Consell Nacional de Joventut de Catalunya i la Llei 38/1991, de 30 de desembre, d'instal.lacions destinades a activitats amb infants i joves.

Decret legislatiu 1/1992, de 10 de febrer, pel qual s'aprova el text refós de la Llei de cooperatives de Catalunya

Modificat per:

— Decret legislatiu 7/1994, de 13 de juliol, d'adequació a la Llei 30/1992, del Decret legislatiu 1/1992, de 10 de febrer, pel qual s'aprova el text refós de la Llei de cooperatives de Catalunya.

Decret 40/1992, de 17 de febrer, pel qual s'estableix el procediment d'autorització per a la creació, la construcció, la modificació, l'adaptació o la supressió de les oficines de farmàcia

Modificat per:

— Decret 180/1994, de 13 de juliol, pel qual es modifiquen diversos procediments en matèries de la competència del Departament de Sanitat i Seguretat Social, a l'efecte de la seva adequació a les previsions de la Llei 30/1992.

Decret 291/1992, de 14 de desembre, regulador del Patronat Català Pro Europa

Modificat per :

— Decret 171/1994, de 14 de juny, de modificació del Decret 291/1992, de 14 de desembre, regulador del Patronat Català Pro Europa

Decret 56/1993, de 23 de febrer, sobre concerts educatius

Modificat per :

— Decret 139/1994, de 3 de maig, pel qual es regulen i s'adeqüen d'acord amb la Llei 30/1992 els procediments reglamentaris que afecten el Departament d'Ensenyament.

III

NORMES ACTUALITZADORES

III

NORMES ACTUALITZADORES

1. LLEIS I NORMES AMB RANG DE LLEI

— Decret legislatiu 1/1994, de 6 d'abril, pel qual s'aprova la refosa de les lleis 15/1985, d'1 de juliol, 6/1989, de 25 de maig, i 13/1993, de 25 de novembre, de caixes d'estalvis de Catalunya.

— Llei 3/1994, de 20 d'abril, de modificació de la Llei 3/1988, de 4 de març, de protecció dels animals.

— Llei 5/1994, de 4 de maig, de regulació dels serveis de prevenció i extinció d'incendis i de salvaments de Catalunya.

— Llei 6/1994, de 19 de maig, de modificació parcial de la Llei 2/1989, de 16 de febrer, sobre centres recreatius turístics.

— Llei 7/1994, de 18 de maig, de modificació de la Llei 19/1991, de 7 de novembre, de reforma de la Junta de Sanejament.

— Llei 8/1994, de 25 de maig, d'activitats firals.

— Llei 9/1994, de 29 de juny, de reforma de la legislació relativa a la funció pública de la Generalitat de Catalunya.

— Decret legislatiu 2/1994, de 13 de juliol, pel qual es modifiquen la Llei 14/1985, de 28 de juny, que regula el Consell Nacional de Joventut de Catalunya i la Llei 38/1991, de 30 de desembre, d'instal.lacions destinades a activitats amb infants i joves.

— Decret legislatiu 3/1994, de 13 de juliol, pel qual es modifica la Llei 10/1981, de 2 de desembre, de creació de l'Institut Català de Serveis a la Joventut, a fi d'adaptar-la a la Llei 30/1992.

— Decret legislatiu 4/1994, de 13 de juliol, pel qual es modifica la Llei 1/1989, de 16 de febrer, de creació de l'Institut Català d'Estudis Mediterranis, a fi d'adaptar-la a la Llei 30/1992.

— Decret legislatiu 5/1994, de 13 de juliol, pel qual s'adequa la Llei 26/1985, de 27 de desembre, de serveis socials, a la Llei 30/1992.

— Decret legislatiu 6/1994, de 13 de juliol, pel qual s'adequa la Llei 20/1991, de 25 de novembre, de promoció de l'accessibilitat i de la supressió de barreres arquitectòniques a la Llei 30/1992.

— Decret legislatiu 7/1994, de 13 de juliol, d'adequació a la Llei 30/1992, del Decret legislatiu 1/1992, de 10 de febrer, pel qual s'aprova el text refós de la Llei de cooperatives de Catalunya.

— Decret legislatiu 8/1994, de 13 de juliol, pel qual s'adequa la Llei 14/1987 a la Llei 30/1992.

— Decret legislatiu 9/1994, de 13 de juliol, pel qual s'aprova el text refós de la Llei de finances públiques de Catalunya.

— Decret legislatiu 10/1994, de 26 de juliol, pel qual s'adequa la Llei 6/1988, de 30 de març, forestal de Catalunya.

— Decret legislatiu 11/1994, de 26 de juliol, pel qual s'adequa la Llei 12/1985, de 13 de juny, d'espais naturals.

— Decret legislatiu 12/1994, de 26 de juliol, pel qual d'adeqüen a la Llei 30/1992 la Llei 13/1982, de 17 de desembre, de col.legis professionals i la Llei 18/1990, de 15 de novembre, de creació del Centre d'Estudis Jurídics i Formació Especialitzada.

— Decret legislatiu 13/1994, de 26 de juliol, pel qual s'aprova l'adequació a la LLei 30/1992 de les lleis que afecten el Departament de Governació en matèria de règim local, joc, espectacles, activitats recreatives i el règim de recursos dels seus organismes autònoms.

— Decret legislatiu 14/1994, de 26 de juliol, pel qual s'adequa la Llei 12/1981, de 24 de desembre, per la qual s'estableixen normes addicionals de protecció dels espais d'especial interès natural afectats per activitats extractives.

— Decret legislatiu 15/1994, de 26 de juliol, pel qual s'adequa la Llei 11/1981, de 7 de desembre, de patrimoni de la Generalitat, a la Llei 30/1992.

— Decret legislatiu 16/1994, de 26 de juliol, pel qual s'adeqüen a la Llei 30/1992 normes amb rang de llei que afecten el Departament de Política Territorial i Obres Públiques.

2. DECRETS

— Decret 35/1994, de 21 de gener, pel qual es modifica el Decret 369/1986, de 18 de desembre, d'assignació de funcions en matèria d'hisendes locals als Departaments de Governació i d'Economia i Finances.

— Decret 138/1994, de 30 de maig, pel qual s'adeqüen a la Llei 30/1992 els procediments de la competència del Departament de Cultura.

— Decret 139/1994, de 3 de maig, pel qual es regulen i s'adeqüen d'acord amb la Llei 30/1992 els procediments reglamentaris que afecten el Departament d'Ensenyament.

— Decret 144/1994, de 14 de juny, pel qual es regulen i s'adeqüen, d'acord amb la Llei 30/1992, de 26 de novembre, els procediments reglamentaris que afecten les matèries de règim local, joc, espectacles, activitats recreatives, policia autonòmica i local i personal al servei de la Generalitat.

— Decret 145/1994, de 30 de maig, pel qual es porta a terme l'adequació dels procediments del Departament de Benestar Social a la Llei 30/1992.

— Decret 150/1994, de 14 de juny, pel qual es regulen i adeqüen a la Llei 30/1992 determinats procediments reglamentaris que afecten les matèries de la competència del Departament de Treball.

— Decret 158/1994, de 30 de maig, pel qual es regulen i adeqüen a la Llei 30/1992 procediments reglamentaris que afecten les matèries en què intervé el Departament de Medi Ambient.

— Decret 171/1994, de 14 de juny, de modificació del Decret 291/1992, de 14 de desembre, regulador del Patronat Català Pro Europa

— Decret 172/1994, de 14 de juny, pel qual es modifiquen determinats procediments en matèria de la competència del Departament d'Economia i Finances.

— Decret 180/1994, de 13 de juliol, pel qual es modifiquen diversos procediments en matèries de la competència del Departament de Sanitat i Seguretat Social, a l'efecte de la seva adequació a les previsions de la Llei 30/1992.

— Decret 184/1994, de 26 de juliol, pel qual es regulen i s'adeqüen a la Llei 30/1992 procediments reglamentaris que afecten les matèries de la competència del Departament de Justícia.

— Decret 186/1994, de 26 de juliol, pel qual s'adeqüen a la Llei 30/1992 procediments reglamentaris que afecten el Departament de Política Territorial i Obres Públiques.

— Decret 187/1994, de 26 de juliol, pel qual es regulen i s'adeqüen, d'acord amb la Llei 30/1992, els procediments reglamentaris que afecten el Departament d'Agricultura, Ramaderia i Pesca.